Adventures in German

1000+ Lines of Useful German Dialogues to Help You Learn German

Contents

Published in 2023 by Dialog Abroad Books

0921 002

2 4 6 8 10 9 7 5 3

ISBN 978-3-98552-193-7

Introduction

Dear Learner.

This is the story of Albert Hoffman, a 20-year-old student from New York. Albert can speak a little German because his mother comes from Germany. But now he wants to learn more German.

Therefore, he is coming to Germany to study at the University of Freiburg. He will make a lot of friends and perhaps even find a girlfriend. But what exactly will happen on his semester abroad? Find out inside.

Have fun. Let's begin.

Chapter 1

Der neue Mitbewohner

Albert und seine Mutter sind gerade in Freiburg angekommen. Sie hilft ihm, seine Wohnung zu finden. Sie stehen vor dem Aufzug als David ankommt.

TAXIFAHRER Einhundertachtzehn Euro sechzig bitte.

FRAU HOFFMAN Hier. Einhundertzwanzig Euro.

TAXIFAHRER Vielen Dank. Ich gebe Ihnen dreißig Euro zurück. Einen schönen Tag noch.

FRAU HOFFMAN Ihnen auch. Auf Wiedersehen.

ALBERT Ich werde die schweren Koffer mitnehmen. Kannst du meine Laptoptasche tragen?

FRAU HOFFMAN Leg die Laptoptasche auf den Koffer, wenn du ihn ziehen. Ich kann meinen Koffer selbst ziehen.

ALBERT Glücklicherweise hat die Wohnung einen Aufzug, so dass wir nicht alles die **Treppe** hoch tragen müssen.

FRAU HOFFMAN Ohne Aufzug konnten wir es nicht schaffen.

ALBERT Diese Straße ist sehr schön. Warst du schon einmal hier?

FRAU HOFFMAN Ja, ich kenne diese Straße sehr gut. Früher habe ich hier manchmal mit Freunden Fahrrad gefahren.

ALBERT Hast du dein Fahrrad noch in Freiburg? Ich möchte es benutzen, um alle coolen Orte **in der Nähe** zu sehen.

FRAU HOFFMAN Leider habe ich es verkauft, bevor wir nach Amerika gezogen sind. Du kannst eines von einer **Flohmarkt** kaufen oder in der Zeitung suchen.

ALBERT Ja, ich habe ein Poster für einen Fahrradmarkt gesehen. Auf der Messe in Freiburg. Es sagte vom neunundzwanzigsten zum einunddreißigsten März. Weißt du, wo das ist?

FRAU HOFFMAN Wenn ich mich recht erinnere, kannst du die Straßenbahn Nr. 4 nehmen und an der letzten Haltestelle aussteigen. Von dort musst du nur noch fünf oder zehn Minuten laufen.

ALBERT Großartig. Ich hoffe, ich kann ein gutes Fahrrad zu einem guten Preis bekommen. Ich weiß nichts über Fahrräder.

FRAU HOFFMAN Ich bin mir sicher, du wirst viele Freunde finden und einer von ihnen sollte dir helfen können. Es gibt viele Fahrräder vor deinem Gebäude. Es sieht wie ein sicherer Ort aus, um dein Fahrrad nachts **abzusperren**.

ALBERT Das denke ich auch. Ich wäre so **wütend**, wenn mein Fahrrad gestohlen würde.

FRAU HOFFMAN Ich **wette**, dein Mitbewohner hat ein Fahrrad und kann dir vielleicht sogar helfen, eins zu kaufen.

ALBERT Ich glaube, du hast Recht. Oh nein, ich kann meinen **Schlüssel** nicht finden. Ich glaube, ich habe ihn verloren.

FRAU HOFFMAN Du hast der Schlüssel gerade erst von der Universität bekommen. Wie kannst du ihn schon verlieren?

ALBERT Ich weiß es nicht. Ich **dachte**, der war in meiner Hosentasche, aber jetzt kann ich ihn nicht finden. Oh warte, ich habe es gefunden. Er war in meiner Laptoptasche.

FRAU HOFFMAN Gott sei Dank. Verliere niemals deinen Schlüssel. Es wird sehr teuer sein, wenn du ihn verlierst. Hier in Deutschland musst du zahlen, um die Schlösser im Gebäude zu ersetzen, wenn du deinen Schlüssel verlierst.

ALBERT Wirklich? Menschen verlieren oft ihre Schlüssel. Wie können sie es sich leisten, die Schlösser in allen Wohnungen zu ersetzen?

FRAU HOFFMAN Die meisten Deutschen haben dafür eine Versicherung. Eigentlich sollten wir uns eine **Haftpflichtversicherung** für dich beantragen. Es ist nicht teuer.

ALBERT Ja, dann werde ich beruhigt sein.

FRAU HOFFMAN Erinnere mich daran, einen Termin bei der **Versicherungsgesellschaft** zu vereinbaren, bevor ich heute gehe.

ALBERT Ok, kein Problem. Schau, der Schlüssel funktioniert.

FRAU HOFFMAN Nehmen wir den Aufzug.

DAVID Guten Tag.

FRAU HOFFMAN Guten Tag. Fahren Sie hoch?

DAVID Ja. Bitte, nach Ihnen.

FRAU HOFFMAN Vielen Dank.

DAVID Auf welcher Etage ist deine Wohnung?

ALBERT Im fünften Stock.

DAVID Ich lebe auf der gleichen Etage. Du musst mein neuer Mitbewohner sein.

ALBERT Ja, ich denke schon.

DAVID Ich freue mich, dich kennenzulernen. Mein Name ist David Bauer. Ich komme aus Berlin.

ALBERT Ich bin auch froh. Mein Name ist Albert Hoffman und das ist meine Mutter.

DAVID Frau Hoffman, Ihre Taschen sehen ziemlich schwer aus. Ich werde Ihnen helfen, sie zu tragen.

FRAU HOFFMAN Das ist nett von dir. Ich freue mich, dass Albert mit seinem Mitbewohner Deutsch sprechen kann. Wie lange lebst du schon in Freiburg?

DAVID Ich lebe seit fünf Jahren in Freiburg. Dies ist mein letztes Semester hier und dann gehe ich zurück nach Berlin um zu arbeiten.

ALBERT Was studierst du an der Universität?

DAVID Medizin. Ich möchte **Kinderarzt** werden.

FRAU HOFFMAN Großartig. Also, du musst auch in der Universitätsklinik arbeiten, oder?

DAVID Genau. Ich arbeite nur dienstags und donnerstags. Und du, Albert? Was studierst du an der Universität?

ALBERT Ich studiere **Geschichte** an der Columbia University in New York.

DAVID Ich liebe New York. Ich war schon zweimal dort, aber ich weiß nichts über seine Geschichte. Vielleicht kannst du **mir irgendwann mehr erzählen**? Wurdest du dort geboren?

ALBERT Ja, ich war, aber meine Mutter war es nicht. Sie wurde in Freiburg geboren.

DAVID Großartig. Sie sind ein echter **Bobbele**.

FRAU HOFFMAN Ja, ich bin im St. Josefskrankenhaus geboren. Vor einundzwanzig Jahren natürlich!

Vocabulary

Glücklicherweise - Fortunately
Treppe - Stairway
in der Nähe - nearby
Flohmarkt - Flea market
abzusperren - lock up
wütend - angry
wette - bet
Schlüssel - Key
dachte - thought
Gott sei Dank - Thank God
Haftpflichtversicherung - Liability insurance
werde ich beruhigt sein - I will be reassured
Erinnere mich daran - Remind me of that
Versicherungsgesellschaft - Insurance company
Kinderarzt - Pediatrician
Geschichte - Story
mir irgendwann mehr erzählen - tell me more at some point
Bobbele - A person born in Freiburg

Chapter 2

Die Wohnungstour

David öffnet die Wohnungstür und beginnt, Albert und seine Mutter durch die Wohnung zu führen.

DAVID Willkommen in unserer Wohnung. Sie können Ihre **Mäntel** dort hängen und Ihre Schuhe in den **Schuhregal** legen.

FRAU HOFFMAN Gute Idee. Wenn ihr seine Schuhe auszieht, bevor ihr in die Wohnung kommt, bleibt der Boden sauber und ihr musst nicht so oft **wischen**.

DAVID Sie haben Recht. Ich hasse es, den Boden zu putzen.

FRAU HOFFMAN Und du hast hier auch ein Paar **Hausschuhe**. **Gehören** sie dir oder für Gäste?

DAVID Die Blauen gehören mir. Bitte nehmen Sie ein Paar der anderen, wenn Ihre Füße kalt sind.

ALBERT Die anderen sehen mir zu klein aus. Ich werde einfach in meine Socken gehen.

DAVID Du kannst ein Paar für ein paar Euro kaufen. Lass mich dich in der Wohnung zeigen. Das hier ist die Küche. Wir haben eine **Mikrowelle**, einen Ofen und einen Kühlschrank. **Das oberste Regal des Kühlschranks** gehört mir und das untere Regal gehört dir. Ich werde dir zeigen, wie du die **Geschirrspülmaschine** später benutzen kannst, wenn er voll ist.

ALBERT Gut, ich muss kein Geschirr mit der Hand abwaschen. Wie oft musst du es **anziehen**?

DAVID Normalerweise zweimal pro Woche. Mehr wenn wir feiern oder Freunde zum Abendessen kommen. Wir haben viele **Teller und Besteck**, so dass es kein Problem ist, wenn wir es vergessen. Auf der anderen Seite der Halle ist die Toilette mit Dusche. Das hier ist das Wohnzimmer.

ALBERT Es sieht sehr schön aus und von hier aus hat man einen schönen **Blick auf den Wald**.

DAVID Ja, ich sitze gerne auf dem Balkon und trinke bei schönem Wetter eine Tasse Kaffee.

ALBERT Wie ist das Sofa? Ist es **gemütlich**?

DAVID Ja, es sieht etwas **veraltet** aus, aber es ist bequem. Es ist eigentlich ein Schlafsofa. Ideal für Freunde und **Verwandte**.

ALBERT Ah gut. Und mir wurde gesagt, dass die Wohnung Kabelfernsehen hat. Ist das richtig?

DAVID Viele englische und amerikanische Serien und Filme werden hier im Fernsehen **ausgestrahlt**, aber alle sind nur in deutsch **verfügbar**.

ALBERT Schade.

FRAU HOFFMAN Du wirst zu **beschäftigt** sein zu lernen und neue Freunde zu treffen, um fernzusehen.

ALBERT Das stimmt. Ich kann **trotzdem** Programme auf meinem Laptop anschauen. David, kannst du mir helfen, mich mit dem WLAN zu **verbinden**?

DAVID Sicher. Der Netzwerkname ist Netzgear 3000 und das Passwort ist **Wackeldackel** aber mit **Zahlen und Buchstaben**.

ALBERT Haha, cool. Ich liebe diese Hunde. Ich habe eins in meinem Auto. Wie buchstabiert man das?

DAVID Großbuchstaben W und dann 4-c-k-3-l-d-4-c-k-3-l.

ALBERT Ok, danke. Ich bin auf meinem Handy verbunden. Ich werde später auf meinem Laptop verbinden.

DAVID Oh, ich sollte dir sagen, dass das Telefon neben dem **Spiegel** im Flur nur mit einer Telefonkarte telefonieren kann.

ALBERT Kein Problem. Ich werde es trotzdem nicht benutzen. Ich kann die Apps auf meinem **Handy** verwenden, wenn ich mit jemandem chatten muss.

DAVID Endlich ist das mein Schlafzimmer da drüben. Du bist in Zimmer Nummer zwei. Die letzte Tür links.

ALBERT Und wo kann ich meine Kleidung waschen? Gibt es eine Waschmaschine?

DAVID Die Waschmaschine und der **Trockner** sind im Keller. Ich zeige es dir später. Ist das in Ordnung?

ALBERT Ja, ich habe noch keine **schmutzige** Kleidung.

DAVID Machen Sie sich zu Hause. Bitte entschuldigen Sie, ich habe morgen einen wichtigen Test, für den ich lernen muss. Es war sehr schön, Sie zu treffen, Frau Hoffman. Bis später, Albert.

ALBERT Danke, David. Bis später. Mama, lass uns die Taschen in mein Zimmer bringen.

FRAU HOFFMAN Dein Zimmer ist schön. Ein Bett, ein Kleiderschrank, ein Schreibtisch und ein Stuhl. Was brauchst du mehr?

ALBERT Vielleicht eine **Kommode**. Oh, Moment mal, im Schrank sind einige **Schubladen**.

FRAU HOFFMAN Gut. Also legst du deine Unterwäsche und T-Shirts in die Schubladen und hängst deine Hemden und Hosen auf, damit du sie nicht **bügeln** musst.

ALBERT Es gibt nicht genug **Kleiderbügel**, also werde ich meine Hose auch in eine der Schubladen mit meinen Shorts stecken.

FRAU HOFFMAN Du solltest zuerst die Schubladen abwischen, bevor du irgendwelche Kleidungsstücke hinein liegst.

ALBERT Sie sehen schon sauber genug aus. Lass uns einfach anfangen zu **entpacken**.

FRAU HOFFMAN Ok. Hier sind deine T-Shirts und Poloshirts. Ich werde deine **Hemden** aufhängen.

ALBERT Danke. Ich werde alles andere **wegräumen**. Siehst du einen guten Platz für mein Gepäck?

FRAU HOFFMAN Wie wäre es unter dem Bett? Es sieht so aus, als würde es passen.

ALBERT Gute Idee.

FRAU HOFFMAN Hier habe ich dir ein **Einweihungsgeschenk** gekauft. Es ist nur ein Bademantel.

ALBERT Du musstest mir nichts kaufen. Ich danke dir sehr.

FRAU HOFFMAN Ich weiß, ich muss nicht. Ich wollte. Du bist mein Sohn.

ALBERT Ich liebe es. Es ist sehr nützlich; besonders bis das wärmere Wetter **hereinkommt**.

FRAU HOFFMAN Genau. Kannst du mir sagen wie spät es jetzt ist?

ALBERT Es ist halb drei. Wann triffst du Onkel Herbert?

FRAU HOFFMAN Wir haben eine Reservierung um 17 Uhr. Ich werde ihn anrufen, wenn ich im Restaurant bin. Ich würde gerne ein Geschenk für ihn kaufen, also werde ich jetzt gehen.

ALBERT Ok, sag Onkel Herbert, ich habe hallo gesagt.

FRAU HOFFMAN Ich werde. Hier ist etwas Geld, um Abendessen für dich und David zu kaufen. Er sollte die besten Restaurants in der Stadt kennen. Komm, gib mir eine **Umarmung**.

ALBERT Danke. Vielleicht hat er Pläne, aber ich werde ihn fragen. Bis später.

Vocabulary

Mäntel - Coats
Schuhregal - Shoe rack
wischen - wipe

Hausschuhe - Slippers
Gehören - Belong
Mikrowelle - Microwave
Das oberste Regal des Kühlschranks - The top shelf of the refrigerator
Geschirrspülmaschine - Dishwasher
anziehen - put on
Teller und Besteck - Plates and cutlery
Blick auf den Wald - View of the forest
gemütlich - cozy
veraltet - outdated
Verwandte - Relative
ausgestrahlt - aired
verfügbar - available
beschäftigt - busy
trotzdem - Nevertheless
verbinden - connect
Wackeldackel - Bobble head dog
Zahlen und Buchstaben - Numbers and letters
Spiegel - Mirror
Handy - Smartphone
Trockner - Dryer
schmutzige - dirty
Machen Sie sich zu Hause - Make yourself at home
Kommode - Chest of drawers
Schubladen - Drawers
bügeln - iron
Kleiderbügel - Hanger
entpacken - unpack
Hemden - Shirts
wegräumen - clear away
Einweihungsgeschenk - Housewarming gift
hereinkommt - comes in
Umarmung - Hug

Chapter 3

Die Straßenbahn

Später am Tag sprechen Albert und David in der Wohnung.

DAVID Ist alles in deinem Zimmer in Ordnung?

ALBERT Das Fenster ist **kaputt**. Ich kann es nicht öffnen.

DAVID Ja, ich weiß. **Mir wurde gesagt**, dass es **bald** repariert wird.

ALBERT Und ich möchte ein extra **Kissen** haben. Wo kann ich ein kaufen?

DAVID Einige **Geschäfte** in der Innenstadt verkaufen Kissen, aber sie sind ein bisschen teuer.

ALBERT Es ist schon acht Uhr. Sind die Geschäfte noch offen?

DAVID Leider nicht. Sie schließen um acht Uhr. Wenn du noch Zeit hast, gehe zu IKEA. Sie haben viele **Bettwäsche** und andere Haushaltswaren für gute Preise.

ALBERT Ich habe noch nie etwas von IKEA gekauft. Wie komme ich dorthin?

DAVID Ich möchte auch etwas von dort kaufen, damit wir zusammen gehen können. Ich brauche eine neue **Schreibtischlampe**. Morgen ist Sonntag und alle Geschäfte sind geschlossen, also werden wir nächste Woche gehen. Vielleicht Mittwochabend.

ALBERT Die Geschäfte schließen sonntags? Was ist, wenn man etwas kaufen muss?

DAVID Am Hauptbahnhof gibt es Geschäfte und Bäckereien, die sonntags geöffnet sind. Ich gehe manchmal hin, wenn ich vergessen habe, Milch zu kaufen, und alle anderen Läden sind geschlossen. Oder wenn ich Chips oder Schokolade kaufen möchte, um eine DVD anzuschauen.

ALBERT Gut zu wissen.

DAVID Apropos Snacks, ich habe Hunger. Lass uns essen gehen.

ALBERT Gute Idee. Wo sollen wir essen? In einem Restaurant?

DAVID Wir werden zum Abendessen in die Markthalle gehen.

Albert und David verlassen die Wohnung und laufen zur Straßenbahnhaltestelle.

ALBERT Servieren sie dort **vegetarisches Essen**?

DAVID Ja, natürlich. Es gibt viele verschiedene Küchen aus der ganzen Welt.

ALBERT Ausgezeichnet. Verkaufen sie Bier? Ich freue mich auf mein erstes deutsches Bier in Deutschland.

DAVID Ich werde dir dein erstes Bier kaufen. Trinken Sie lieber **helles oder dunkles Bier**?

ALBERT Ich habe keine Vorliebe. Wenn du ein Lieblingsbier hast, werde ich es versuchen.

DAVID Es gibt ein **Hefeweizen Bier**, das ich mag. Es ist hier in Freiburg gemacht. Es ist auch im Supermarkt verkauft, wenn du zu Hause trinken möchtest.

ALBERT Klingt gut. Ich würde es gerne frisch probieren, bevor ich es zuhause versuche. Gehst du oft aus?

DAVID Nicht so oft. Manchmal gehe ich mit Freunden ins **Kino** oder wir essen etwas in den Wohnungen der anderen. Ich kann es mir nicht **leisten**, viel zu trinken.

ALBERT Ich gehe in New York überhaupt nicht trinken. Ich bin noch nicht einundzwanzig, also darf ich noch keinen Alkohol in Bars trinken.

DAVID Es ist einfacher für dich, dort Geld zu **sparen**. Wann hast du Geburtstag?

ALBERT Ich werde am neunundzwanzigsten April einundzwanzig sein.

DAVID Ah, damit du trinken kannst, wenn du nach deinem Semester hier in New York bist.

ALBERT Ja, aber ich denke, es wird sehr teuer sein, in New York zu trinken. Alles dort kostet viel Geld. Wie alt bist du?

DAVID Ich bin vierundzwanzig. Mein Geburtstag war im Januar. Der elfte.

ALBERT Hast du zu deinem Geburtstag etwas Besonderes gemacht?

DAVID Nichts Besonderes. Ich habe nur zu Hause mit meiner Familie und Freunden zu Abend gegessen. Es war ein bisschen **langweilig**. Wir müssen eine Party für deinen einundzwanzigsten haben.

ALBERT Sicher. Kann nicht warten. Kommt unsere Straßenbahn jetzt?

DAVID Ja, das ist unsere Straßenbahn. Das Gute ist, dass die Straßenbahn sehr **häufig** ist, so dass man nie lange warten muss.

*Albert und David **unterhalten sich** in der Straßenbahn.*

ALBERT Oh, ich habe vergessen, ein Ticket zu kaufen, bevor wir stiegen. Werde ich **erwischt** und muss eine **Strafe** zahlen?

DAVID Keine Panik. Du kaufst Fahrkarten in der Straßenbahn vom Fahrkartenautomat. Du solltest ein Semesterticket kaufen, weil es billiger ist, als jedes Mal ein Einzelticket zu kaufen, und du kannst damit auch **außerhalb** der Stadt reisen.

ALBERT Oh wow, es **lohnt** sich wirklich.

DAVID Aber du kannst es erst kaufen, wenn du am Montag deinen Studentenausweis zur Orientierung hast. Fürs Erste, hol dir ein Einzelticket. Hier zeige ich dir, wie du es kaufen kannst. Drück hier für das Einzelticket. Bezahlst du mit **Bargeld** oder mit Karte?

ALBERT Ich werde meine Karte versuchen. Wenn es nicht funktioniert, werde ich bar bezahlen. Also, ich füge meine Karte hier ein? Wo gebe ich die PIN-Nummer ein?

DAVID Auf der **Tastatur**, hier. Das Ticket wird gedruckt und erscheint unten. Vergiss deine **Quittung** nicht.

ALBERT Oh, ich verstehe. Ich **behalte** lieber das Ticket in meiner Brieftasche, damit ich es nicht verliere.

DAVID Entschuldigung. Ist dieser Platz frei?

PASSAGIER Ja, bitte setzen Sie sich.

DAVID Danke. Du nimmst den Fensterplatz, so dass du etwas von der Stadt sehen kannst, während wir fahren.

ALBERT Ok, danke. Wie viele Haltestellen bis wir aussteigen?

DAVID Nur sechs Haltestellen. Die Fahrt nach Bertoldsbrunnen in der Innenstadt dauert etwa zehn Minuten.

ALBERT Das ist wirklich nicht weit. Die U-Bahn in New York ist schnell, aber es dauert immer noch eine **Ewigkeit**, um dorthin zu kommen, wo du hingehst. Und es gibt nichts zu sehen aus dem Fenster.

DAVID Die Straßenbahn ist hier bequem und sauber. Sie läuft auch am Wochenende für Leute, die von den Kneipen und Klubs nach Hause fahren.

ALBERT Vielleicht werden wir es brauchen, wenn wir lange ausbleiben.

DAVID Morgen habe ich keine Pläne.

ALBERT Seht, ob wir das erste Bier **genießen** und dann entscheiden wir uns.

Vocabulary

kaputt - broken
Mir wurde gesagt - I was told
bald - soon
Kissen - Pillow
Geschäfte - Businesses
Bettwäsche - Bed linen
Schreibtischlampe - Desk lamp
Gut zu wissen - Good to know
Apropos - Speaking of
vegetarisches Essen - vegetarian food
Ausgezeichnet - Excellent
helles oder dunkles Bier - light or dark beer
Hefeweizen Bier - Wheat beer
Klingt gut - Sounds good
Kino - Movie theater
leisten - Afford
sparen - save up
langweilig - boring
häufig - frequently
unterhalten sich - are talking
erwischt - Caught
Strafe - A fine
außerhalb - outside
lohnt - worth it
Bargeld - Cash
Tastatur - Keypad
Quittung - Receipt
behalte - keep
Ewigkeit - Eternity
genießen - enjoy

Chapter 4

Das erste Bier

Albert und David kommen in der Markthalle an, aber es gibt ein Problem.

DAVID Das ist die Markthalle.

ALBERT Sehr cool. Ich wäre direkt am Eingang **vorbeigegangen**, wenn du mir nicht gesagt hättest, dass es hier ist.

DAVID Ja, von außen ist es nicht **offensichtlich**. Lass uns durchgehen und sehen, was wir essen wollen.

ALBERT So viele Möglichkeiten. Alles riecht gut. Ich weiß nicht, ob ich mich nur für eine Sache entscheiden kann.

DAVID Dann hol viele **Kleinigkeiten**.

ALBERT Gibt es einen Tisch für uns zu sitzen?

DAVID Nein, der **Sitzbereich** ist total voll. Keine gute Zeit, hierher zu kommen. Wir müssen auf einen Tisch warten.

ALBERT Lass uns ein anderes Restaurant finden.

DAVID Ich kenne einen Ort in der Nähe. Ich denke ihr **Flammkuchen** ist einer der Besten in Freiburg. Sehr **knusprig** und super **käsig**.

ALBERT Was ist ein Flammkuchen? Ist das ein traditionelles Freiburger **Gericht**?

DAVID Es kommt aus dem **Elsass**. Sie können es in den meisten Städten in der Nähe wie Straßburg und Colmar bestellen. Es ist ein bisschen wie eine Pizza, aber mit einer sehr dünnen Basis, weiße Sauce und in der Regel mit Käse und Speck **gekrönt**, aber du kannst verschiedene **Beläge** bestellen.

ALBERT Das klingt köstlich. Ich möchte das versuchen. Lass uns gehen.

Albert und David kommen im Restaurant an.

DAVID Es sieht innen zu **beschäftigt** aus. Wir müssen draußen sitzen. Ist das in Ordnung?

ALBERT Ja, das ist in Ordnung. Es ist heute Abend nicht so kalt wie ich dachte.

DAVID Dieser Bereich ist durch die **umliegenden** Gebäude vor dem Wind geschützt. Plus, sie haben die Heizungen auf der Außenseite. Schau, dort ist ein Tisch.

ALBERT Schnell, nimm es, bevor jemand anderes kommt.

DAVID Ah perfekt. Direkt unter der Heizung und eine tolle Aussicht auf die Straße, um Leute **vorbeiziehen** zu sehen. Hier, nimm eine **Speisekarte**.

ALBERT Danke. Dieser Ort ist wirklich nett. Ich bin noch nicht an den **Wechselkurs** gewöhnt. Sind die Preise hier gut?

DAVID Ja, sehr fair. Du wirst voll sein von dem, was du bestellst.

ALBERT Ich möchte den Flammkuchen probieren, aber ich esse nicht gerne viel Fleisch, also bestelle ich einen ohne Speck.

DAVID Du musst der Speisekarte nicht folgen. Sie können jedes der Gerichte ohne Fleisch bestellen.

KELLNERIN Guten Abend. Möchten Sie zuerst etwas zu trinken bestellen?

DAVID Wir würden gerne etwas zum Essen und Trinken bestellen. Zum trinken, bitte zwei Gläser Ganter Hefeweizen. Um zu essen, möchte ich die **hausgemachte** Suppe und den Salat.

KELLNERIN Und für Sie?

ALBERTICH esse gerne den Flammkuchen mit nur **Zwiebeln**.

KELLNERIN Möchten Sie noch etwas?

ALBERT Nein. Das ist alles, danke.

KELLNERIN Kein Problem. Alles kommt **sofort**.

ALBERT Wo ist die Toilette?

KELLNERIN Direkt unter der **Treppe** dort drüben.

ALBERT Vielen Dank.

KELLNERIN Gern geschehen.

*Albert kommt wieder am Tisch an. Die Getränke sind schon angekommen. Sie beginnen, über die Familien der anderen zu **diskutieren**.*

DAVID Glückwunsch zu deinem ersten Bier in Deutschland und zu deinem ersten legalen Bier. **Prost!**

ALBERT Prost!

DAVID Was denkst du? Magst du es?

ALBERT Es ist ein bisschen **komisch**. Ich glaube, ich bin es nicht gewohnt, Bier zu trinken. Ich bin sicher, ich werde es mögen, bevor ich den **Boden** des Glases erreiche.

DAVID Warum ist deine Mutter nach Amerika gezogen?

ALBERT Sie hat meinen Vater in New York getroffen, als sie im **Urlaub** war. Seine Eltern sind Deutsche, aber er ist in Amerika geboren und **aufgewachsen**. Sie blieben in Kontakt und besuchten sich oft. Nachdem sie geheiratet hatten, **beschlossen** sie, in Amerika zu bleiben und eine Familie zu **gründen**.

DAVID Hast du Brüder und Schwestern?

ALBERT Nein, ich bin ein **Einzelkind**. Und du?

DAVID Ich habe einen älteren Bruder und zwei jüngere Schwestern. Sie leben immer noch in Berlin, kommen aber oft zu Besuch. Hast du **Verwandte** in Freiburg?

ALBERT Ich habe einen Onkel an der Seite meiner Mutter. Er hat zwei Töchter; meine Cousinen. Sie sind 19 und 26 und beide leben noch in Freiburg. Ich bin sicher, du wirst sie treffen, wenn sie mich in unserer Wohnung besuchen.

DAVID Sind sie **hübsch**?

ALBERT Natürlich! Jeder ist meine Familie sieht gut aus. Aber die Ältere ist bereits verheiratet und hat einen 5-jährigen Sohn und eine 9 Monate alte Tochter. Die Jüngere ist ein Erstsemester an der Universität. Du hast sie vielleicht sogar auf dem Campus gesehen.

DAVID Wie sieht sie aus?

ALBERT Sie ist ziemlich kurz mit blauen Augen und langen blonden Haaren, aber sie hätte es **einfärben** und kurz **schneiden** können. Ich bin mir sicher, dass viele Mädchen zu dieser **Beschreibung** passen. Ich habe ein Foto auf meinem Handy. Warte, und ich werde es dir zeigen.

DAVID Wow, ja. Sie ist schön!

ALBERT Und hier ist ein Foto von meiner anderen Cousine mit ihren Kindern.

DAVID Sie ist auch sehr hübsch. Lass mich dir ein Foto meiner **Geschwister** zeigen. Dieser hier ist Laura. Sie kommt nächsten Monat für ein paar Tage zu Besuch.

ALBERT Sehr süß. Ich freue mich darauf, sie zu treffen. Ist sie single?

Vocabulary

vorbeigegangen - passed by
offensichtlich - obvious
Kleinigkeiten - Little things
Sitzbereich - Sitting area
Flammkuchen - Flambé tart

knusprig - crispy
käsig - cheesy
Gericht - Dish
Elsass - Alsace
gekrönt - topped
Beläge - Toppings
beschäftigt - busy
umliegenden - surrounding
vorbeiziehen - pass by
Speisekarte - Menu
Wechselkurs - Exchange rate
hausgemachte - homemade
Zwiebeln - Onions
sofort - immediately
Treppe - Stairway
diskutieren - to discuss
Glückwunsch - Congratulations
Prost - Cheers
komisch - funny
Boden - Bottom
Urlaub - Vacation
aufgewachsen - grew up
beschlossen - decided
gründen - establish
Einzelkind - Single child
Verwandte - Relative
hübsch - pretty
einfärben - dyed
schneiden - cut
Beschreibung - Description
Geschwister - Siblings

Chapter 5

Das deutsche Mädchen

Albert und David genießen das Abendessen, als sie zwei Frauen auf Deutsch mit amerikanischen Akzenten sprechen hören.

DAVID Du hast also keine Freundin in New York?

ALBERT Nein. Ich habe ein paar Monate lang jemanden gesehen, aber sie ist nach Kalifornien gezogen, um an der Stanford Universität zu studieren. Also haben wir uns getrennt. Ihr **Traum** ist es, im Silicon Valley zu arbeiten.

KELLNERIN Ist alles in Ordnung?

DAVID Nein, die Suppe ist nicht heiß genug.

KELLNERINES tut mir leid. Lass mich es **aufheizen**. Ich werde es gleich zurückbringen.

DAVID Dankeschön.

Du solltest mit einigen lokalen **Mädchen** sprechen. Die Mädchen neben uns klingen amerikanisch, oder?

ALBERT Ich denke du hast Recht, **obwohl** ich nicht sagen kann, aus welchem Staat sie kommen.

DAVID Ich werde mich vorstellen.

ALBERT Mach es. **Viel Glück.**

DAVID Danke, das brauche ich.

Entschuldigung, seid ihr Amerikanerinnen?

MADDIE Ja, wir sind Amerikanerinnen. Ich komme aus Boston und Lena kommt aus Florida. Bist du auch Amerikaner?

DAVID Nein, ich bin Deutscher, aber mein Freund Albert kommt aus New York. Möchtet ihr mit uns trinken?

MADDIE Sicher. Wir haben bald eine Freundin, die zu uns kommt, also sollten wir einen Stuhl **freilassen**, wenn sie kommt.

DAVID Kein Problem. Mein Name ist David. Wie heißt du?

MADDIE Ich bin Madison, aber die Leute **nennen** mich Maddie.

DAVID Hallo Maddie. Und ich weiß, dass du Lena bist. Hallo.

ALBERT Falls du es nicht gehört hast, ich bin Albert. Es freut mich, euch kennenzulernen.

LENA Gleichfalls. Was machst du hier in Freiburg? Reist du einfach?

ALBERT Nein, ich studiere hier für das Semester an der Universität. Ich lerne etwas über die lokale Geschichte und versuche, mein **schreckliches** Deutsch zu verbessern.

MADDIE Dein Deutsch ist wirklich gut. Es ist **lustig**, dass wir englische Muttersprachler sind und trotzdem sitzen wir hier und sprechen Deutsch.

DAVID In Rom, wie sie sagen. Also, was macht ihr dann zwei?

MADDIE Wir arbeiten als Au-Pair-Mädchen für zwei lokale Familien. Für mich ist es eine Chance, durch Europa zu reisen und **gleichzeitig** Geld zu verdienen. Das ist nichts, was ich für **den Rest meines Lebens** tun möchte.

LENA Das Gleiche gilt für mich. Ich liebe Reisen und ich wollte immer mit Kindern arbeiten. Ich werde bald meinen Job **aufgeben** und wieder an die Universität gehen, um dort zu unterrichten.

DAVID Warum hast du dich **entschieden**, nach Deutschland zu kommen?

LENA Mein Vater kommt aus München und er hat mir Deutsch **beigebracht**, seit ich jung war, also wusste ich, dass ich irgendwann nach Deutschland kommen würde, um zu leben und zu arbeiten. Ah, hier kommt Natascha. Natascha!

NATASCHA Hey Leute!

LENA Das sind unsere neuen Freunde. Das ist David aus Berlin und Albert aus New York.

NATASCHA Schön euch kennenzulernen.

MADDIE Du kannst neben Albert sitzen und ihm alles über Freiburg erzählen. Er ist gerade heute angekommen.

NATASCHA Oh, wie schön. Herzlich willkommen in Freiburg.

ALBERT Danke. Es ist schön hier zu sein. Hast du lange hier gelebt?

NATASCHA Nur mein ganzes Leben. **Abgesehen** von meinem jährlichen Familienausflug nach Bodensee habe ich Freiburg nie verlassen.

ALBERT Oh, ich verstehe. Du musst es hier lieben.

NATASCHA Ich liebe es wirklich. Aber es war schon immer mein Traum, in New York City zu leben.

*Albert und Natascha unterhalten sich weiterhin privat, während die anderen drei **miteinander** reden.*

NATASCHA Und ich liebe Filme wirklich. Ich gehe **mindestens** einmal im Monat ins Kino.

ALBERT Ich liebe Filme auch. Gehst du normalerweise mit deinem Freund?

NATASCHA Nein, nur mit Freunden. Und ich habe keinen Freund. Was **denkt** deine Freundin davon, dass du für ein Semester im Ausland studierst?

ALBERT Ich habe keine Freundin. Wenn ich einen hätte, glaube ich nicht, dass ich sie für drei Monate verlassen würde.

NATASCHA Oh, also bist du ein romantischer Typ?

ALBERT Ich denke gerne, dass ich es bin.

NATASCHA Meine Mutter hat mich vor Leuten wie dir gewarnt.

ALBERT Warum? **Was ist los mit** Romantik? Ich bin sicher, ich kann sie davon **überzeugen**, dass ein bisschen Romantik in Ordnung ist.

NATASCHA Sie scherzt, dass ich mich in jemanden verlieben werde und mit ihm davonlaufen will. Ich glaube, sie möchte, dass ich für immer zu Hause lebe. Ich glaube nicht, dass du eine Chance hast, sie zu überzeugen. Aber du könntest mit meinem Vater befreundet sein. Er liebt es, Englisch mit Amerikanern zu sprechen. **Jedenfalls** muss ich morgen früh aufstehen, also sollte ich gehen.

ALBERT Vielleicht können wir uns wieder treffen und du kannst mir mehr über deine Familie erzählen. Wenn du Zeit hast, möchtest du am nächsten Samstag mit mir zu Mittag essen?

NATASCHA Nur wir zwei? Sicher, aber ich kann nicht zu Mittag essen. Ich bin bis zum Abend beschäftigt.

ALBERT Wann bist du dann frei?

NATASCHA Ich bin nach 19 Uhr frei.

ALBERT Ok, ich werde dich um 20 Uhr in Bertoldsbrunnen treffen. Ist das okay für dich?

NATASCHA Ja, das ist **in Ordnung**. Es ist spät. Ich muss gehen. Dann bis Samstagabend.

ALBERT Ich freue mich darauf. Bis Samstagabend.

Vocabulary

Traum - Dream
aufheizen - heat up
Mädchen - Girl
obwohl - although
Viel Glück - Good luck

freilassen - keep free
nennen - be named
Gleichfalls - Likewise
schreckliches - terrible
lustig - funny
gleichzeitig - simultaneously
den Rest meines Lebens - the rest of my life
Das Gleiche gilt für mich - The same is true for me
aufgeben - give up
entschieden - decided
beigebracht - taught
Abgesehen - Apart
miteinander - together
mindestens - at least
denkt - think
Was ist los mit - What is wrong with
überzeugen - convince
Sie scherzt - She jokes
Jedenfalls - In any case
in Ordnung - Ok
Ich freue mich darauf - I look forward to it

Chapter 6

Die Orientierung

*Albert ist an der Universität und fragt **Passanten** nach dem Weg zur Orientierung.*

ALBERT Entschuldigung. Ich versuche, Orientierung für neue Studenten zu finden. Wissen Sie, wo das ist?

ALTER MANN Es tut mir leid, ich bin kein Student hier. Ich kam nur um die Toilette zu benutzen.

ALBERT Ah, ok. Danke trotzdem.

Entschuldigung. Weißt du wo die Orientierung ist?

JUNGE FRAU Ja, ich war nur selbst da. Du gehst **geradewegs** durch diese Halle und dann die Treppe hoch auf der linken Seite.

ALBERT Die Treppe am Ende der Halle oder die erste Treppe, zu der ich komme?

JUNGE FRAU Die Treppe am Ende. Wir können zusammen gehen, wenn du möchtest?

ALBERT Nein, nein. Ich will dich nicht **stören**. Danke für deine Hilfe, ich denke ich kann den Weg finden.

JUNGE FRAU Kein Problem. Wenn du dich **verirrst**, frage jemanden, der ein **Namensschild** trägt.

Albert kommt zur Orientierung und trifft ein paar Studenten, die neuen Studenten bei der Registrierung helfen.

ALBERT Entschuldigung, soll ich mich hier für meinen Studentenausweis und Internetzugang **anmelden**?

SABINE Ja, ist es. In welcher Fakultät wirst du sein?

ALBERT Ich bin **Austauschstudent** für dieses Semester. Ich studiere Geschichte. Mein Name ist Albert Hoffman.

SABINE Hallo Albert. Ich bin Sabine. Und das ist Erich. Ich werde deinen Internetzugang **einrichten** und Erich hilft dir bei der **Abholung** deines Studentenausweises.

ERICH Hallo Albert. Folge mir und wir werden dein Foto für den Studentenausweis machen. Also studierst du Geschichte? In welchem Jahr bist du?

ALBERT Das ist mein zweites Jahr, aber ich bin nur für dieses Semester hier.

ERICH Oh wirklich? Ich studiere Geschichte in meinem zweiten Jahr auch. Wir werden in vielen der gleichen **Vorträge** zusammen sein.

ALBERT Oh, gut. Studierst du gerne hier? Ist es eine nette Universität?

ERICH Ich liebe es. Es gibt eine tolle **Atmosphäre** und die Kurse sind sehr interessant. Ich werde dich später einigen unserer **Kommilitonen** vorstellen.

ALBERT Aber ich dachte, **Vorlesungen** beginnen erst nächste Woche?

ERICH Das stimmt, aber einige von uns sind schon in der Stadt, also essen wir zusammen zu Mittag.

ALBERT Klingt gut.

ERICH Ok, hier bekommst du dein Foto gemacht. Du stellst dich hier an und gibst dem Fotografen dein Anmeldepapier. Ich warte dort drüben. Dort holst du deinen Studentenausweis ab.

ALBERT Wird es lange dauern, um den Studentenausweis zu bekommen?

ERICH Nein, es ist fast **augenblicklich**. Du wirst in ein paar Minuten fertig sein. Es ist sehr schnell.

FOTOGRAF Darf ich bitte Ihr Anmeldepapier haben?

ALBERT Sicher. Hier ist es.

FOTOGRAF Ok, stehen Sie da drüben hinter der blauen Linie und schauen Sie in die Kamera, während ich Ihre Registrierungs-ID **eingebe**.

ALBERT Was für eine blaue Linie? Oh, ich sehe sie. Haben Sie einen Spiegel?

FOTOGRAF Ja, da ist einer **zu Ihrer Rechten**.

ALBERT Oh, ich bin froh, dass ich nachgesehen habe. Meine Haare sehen **furchtbar** aus. Es ist ein bisschen windig draußen.

FOTOGRAF Sind Sie bereit? Jetzt werde ich Ihr Foto machen. 1 ... 2 ... 3 ... **lächle!** Ok, Ihr Studentenausweis erscheint in wenigen Sekunden am **Drucker.**

ALBERT Gerade hier? Ah, hier ist es. Vielen Dank.

ERICH Du solltest **überprüfen**, ob die Details auf der Karte korrekt sind.

ALBERT Alles sieht gut aus. Obwohl ich wünschte, ich könnte das Foto neu aufnehmen.

ERICH Mach dir keine Sorgen, niemand mag das Foto auf seinem Studentenausweis. Du solltest den auf meinem Führerschein sehen. Es sieht so aus als würde ich gleich **niesen**.

ALBERT Haha, vielleicht ist mein Foto dann doch nicht so schlecht.

ERICH Lass uns zurück zu Sabine gehen und deinen Internet-Benutzernamen und dein temporäres Passwort bekommen.

ALBERT Ok, klar.

ERICH Sabine, ist Alberts Internetzugang bereit?

SABINE Ja, alles bereit für dich Albert. Bitte schön. Dies ist dein Benutzername und dein temporäres Passwort. Du kannst das Passwort bei der ersten Anmeldung ändern.

ALBERT Großartig, danke. Stört es dich, wenn ich mich jetzt anmelde und mein Passwort ändere? Ich möchte es nicht **woanders** versuchen und dann wiederkommen, um es zu reparieren.

SABINE Setz dich. Lass mich schnell ausloggen und dann kannst du dich auf meinem Computer einloggen.

ALBERT Ok, also Benutzername. Und dann Passwort. Neues Passwort. Neues Passwort **erneut** eingeben. Eingeben. Ok, ich bin dabei. Vielen Dank. Du kannst deinen Computer wieder zurück haben. Entschuldige die **Umstände**.

SABINE Kein Problem. Logge dich einfach aus, damit ich mich wieder einloggen kann.

ERICH Jetzt bist du fertig. Was musst du jetzt tun?

ALBERT Ich möchte wirklich mehr vom Campus sehen, also werde ich heute morgen spazieren gehen.

SABINE Gute Idee. Hier gebe ich dir **eine Karte des Campus**, falls du dich verirrst.

ALBERT Ah, danke. Das ist sehr **nützlich**.

ERICH Und komm **ungefähr** um 12 Uhr zurück und komm mit uns zum Mittagessen.

ALBERT Ok, werde ich. Bis dann.

Vocabulary

Passanten - Passersby
geradewegs - straight down
stören - to bother
verirrst - get lost
Namensschild - Name tag
anmelden - Sign in
Austauschstudent - Exchange student
einrichten - set up
Abholung - Pickup
Vorträge - Lectures

Atmosphäre - Vibe
Kommilitonen - Fellow students
Vorlesungen - Lectures
Wird es lange dauern - Will it take a long time
augenblicklich - instantaneously
eingebe - enter
zu Ihrer Rechten - to your right
furchtbar - awful
lächle - smile
Drucker - Printer
überprüfen - check
Mach dir keine Sorgen - Do not worry
niesen - to sneeze
woanders - somewhere else
erneut - again
Umstände - Trouble
eine Karte des Campus - a map of the campus
nützlich - useful
ungefähr - approximately

Chapter 7

Die neuen Freunde

Albert und seine Kommilitonen Erich, Sabine, Pierro und Julia essen gemeinsam zu Mittag und reden über ihre Lieblingsfilme.

ERICH Also, Albert, **welche Art von Filmen** magst du?

ALBERT Ich liebe **Komödien**. Mein Lieblingsfilm ist wahrscheinlich *Airplane!*. Als ich ihn das erste Mal gesehen habe, habe ich so gelacht, dass ich geweint habe.

PIERRO Oh, das ist ein **Klassiker**. Obwohl der Film in Deutschland etwas anderes heißt. Sie nennen er *Die unglaubliche Reise in einem verrückten Flugzeug*.

ALBERT Wow, so anders als der englische Name. Und sehr spezifisch auch. Was ist dein Lieblingsfilmgenre?

ERICH Ich liebe auch Komödien, aber ich **bevorzuge** Actionfilme. Alles mit **Waffen** und Explosionen.

PIERRO Ja, Explosionsszenen in Filmen sind großartig. **Je größer desto besser**.

SABINE Ach, kleine Jungs, alle lieben **dumme** Actionfilme. Es gibt keine Geschichte.

JULIA Ich stimme zu. Sie haben auch keine guten **Schauspieler**.

ERICH Zumindest passiert etwas auf dem Bildschirm. Viel besser als ein Paar, das nur zwei Stunden lang über ihre **Gefühle** spricht.

SABINE Ich habe nicht gesagt, dass ich romantische Filme mag. Nur Actionfilme sind dumm. Wenn du es wissen musst, ist mein Lieblingsfilm *Die **Verurteilten***.

ALBERT Ich kenne das nicht. Ist er gut.

SABINE Er ist der beste Film aller Zeiten. Ich bin mir sicher, dass du ihn gesehen hast. Der Originaltitel ist *The Shawshank Redemption*.

ALBERT Ah ok. Natürlich kenne ich dieser Film. Ich denke, er ist der Liebling vieler Leute. Muss Deutschland immer den Originaltitel eines Films ändern, um die **Handlung** des Films zu beschreiben?

PIERRO Nicht immer, aber sie tun es sehr. Einige der Titel, zu denen sie sie ändern, sind **urkomisch**.

JULIA Ja, der Film *Cellular* mit Chris Evans wurde geändert in *Final Call - Wenn er **auflegt** muss sie sterben*.

ALBERT Wow, es hat die ganze Geschichte ziemlich **verraten**.

PIERRO Genau. Obwohl es bedeutet, dass man den Trailer nicht ansehen oder **die Zusammenfassung des Grundstücks** nicht lesen muss. Also, vielleicht ist es eine gute Sache.

ALBERT War einer von euch kürzlich im Kino? Es laufen im Moment ein paar gute Filme.

JULIA Ich war letzte Woche mit meiner Schwester, um das neue Drama von Steven Spielberg zu sehen. Er ist ein brillanter **Regisseur**.

PIERRO Regisseure bekommen zu viel Kredit. Wenn das Schreiben schlecht ist, dann ist es egal, was der Regisseur macht, er kann den Film nicht **erfolgreich** machen.

ERICH Ich stimme nicht zu. Wenn es gibt zwei Filme mit guten Autoren. Einer hat einen guten Regisseur und einer hat einen schlechten Regisseur. Dann wird es **offensichtlich** sein, welcher der bessere Film ist.

PIERRO Guter Punkt. Aber ich glaube, Schauspieler sind die wichtigsten **Faktoren**, um einen guten Film zu machen.

SABINE Ja, ich werde keinen Film schauen, wenn die Schauspielerei wirklich schlecht ist. Ich bin sogar schon einmal aus einem Film **herausgelaufen**.

ALBERT Wie heißt der Film?

SABINE Ich werde es nicht sagen, nur für den Fall, dass er dir gefällt. Ich will dich nicht **beleidigen**.

ALBERT Haha, kein Problem. Ich bin mir sicher, dass ich nicht beleidigt bin. Es gibt viele Filme, die ich mag, dass meine Freunde hassen und sich über mich lustig machen, weil ich sie mag.

PIERRO Genug über Filme. Hat jemand den Stundenplan für dieses Semester gesehen? Wir haben montags und donnerstags frei. Es ist großartig.

SABINE Glück dich. Ich habe jeden Tag **Unterricht**, sogar am Montag muss ich nur für eine Stunde Vortrag um 9 Uhr kommen, dann bin ich den Rest des Tages frei. Ich schätze, es gibt mir einen Grund, an einem Montagmorgen aufzustehen.

ALBERT Oh, ich dachte du studierst auch Geschichte?

SABINE Nein, nein. Mein **Hauptfach** ist Mathematik.

JULIA Ich liebe, dass wir zwei Tage frei haben. Aber es bedeutet, dass ich meine Arbeitszeiten ändern kann, also arbeite ich nur acht Stunden an zwei Tagen in der Woche plus das Wochenende **statt** vier Stunden pro Tag, verteilt auf vier Abende.

ERICH Arbeitest du noch im **Spielzeugladen**?

JULIA Ja. Ich arbeitete im Winter **Vollzeit**. Es war so beschäftigt mit Leuten, die verrückt nach **Weihnachtseinkäufen** waren. Es war gut, zusätzliches Geld zu bekommen.

ALBERT Habt ihr alle **Teilzeitjobs**?

PIERRO Ich habe keinen. Ich spiele Gitarre in einer Band und wir bekommen manchmal Gigs am Wochenende. Mit diesen zwei freien Tagen kann ich viel mehr üben.

JULIA Neben viel mehr lernen. Kein Kopieren mehr von meinen Notizen wie im letzten Semester. Richtig Pierro?

PIERRO Natürlich Julia. Aber deine Notizen sind immer so gut. Du solltest **geschmeichelt** sein.

ERICH Und du, Albert? Was wirst du mit diesen zwei freien Tagen machen?

ALBERT Ich habe wirklich nicht erwartet, diese freie Zeit zu haben. Ich dachte, ich wäre die ganze Zeit im Unterricht beschäftigt. Vielleicht werde ich auch nach einem Teilzeitjob suchen. Ich glaube nicht, dass ich motiviert sein werde zu lernen, wenn ich nicht zur Uni komme.

SABINE Das ist wie ich. Wenn ich nicht hier bin, dann habe ich keine Lust zu Hause zu lernen. Ich denke, mein Stundenplan ist dann besser als deins.

PIERRO Besser, wenn du ein Geek bist. Schlimmer, wenn du ein soziales Leben wie ich hast. Unser Zeitplan ist viel besser.

JULIA Hör nicht auf ihn, Sabine. Er ist nur **eifersüchtig**, dass du viel bessere Noten bekommst als er.

PIERRO Wer braucht gute Noten, wenn du ein internationaler Rockstar bist?

JULIA Pff, du hast nur zwei originale Songs geschrieben. Du singst meistens die Lieder anderer Bands.

PIERRO Nun, mit den zusätzlichen zwei Tagen kann ich mehr Songs schreiben. Mehr tolle Songs sollte ich sagen.

ERICH Du könntest einen Song pro Woche schreiben und vielleicht kann deine Band am Ende des Semesters ein Album **aufnehmen**.

PIERRO Genau. Und es wird ein großer Hit werden. Dann werden wir sehen, wie wichtig Noten sind.

SABINE Ok, lass uns in die Realität **zurückkehren**. Komm Erich. Wir sollten zur Orientierung zurückkehren.

ERICH Klar, Sabine. Albert, wir treffen uns am Mittwoch wieder zum Mittagessen am Münsterplatz, wenn du mitkommen willst?

ALBERT Klar, das klingt großartig. Ich gehe jetzt in die Bibliothek, also werde ich mit euch zurückgehen.

Vocabulary

welche Art von Filmen - what kind of movies

Komödien - Comedies
Klassiker - Classic
verrückten - crazy
bevorzuge - prefer
Waffen - Weapons
Je größer desto besser - The bigger the better
dumme - stupid
Schauspieler - Actor
Zumindest - At least
Gefühle - Feelings
Verurteilten - Convicted
Handlung - Plot
urkomisch - hilarious
auflegt - hangs up the telephone
verraten - reveal
die Zusammenfassung des Grundstücks - the plot summary
Regisseur - Director
erfolgreich - successful
offensichtlich - obviously
Faktoren - Factors
herausgelaufen - walked out
beleidigen - offend
Unterricht - Classes
Hauptfach - Major subject
statt - instead of
Spielzeugladen - Toy Shop
Vollzeit - Full time
Weihnachtseinkäufen - Christmas shopping
Teilzeitjobs - Part-time jobs
geschmeichelt - flattered
eifersüchtig - jealous
aufnehmen - record, tape
zurückkehren - to return

Chapter 8

Die Stadt Freiburg

Albert und seine Kommilitonen laufen um den Münsterplatz in der Freiburger Innenstadt herum.

ERICH Albert, du musst die **Würstchen** hier probieren. Sie sind die besten.

ALBERT Oh ja? Welche Art haben sie?

ERICH Ich **empfehle** die Bratwurst mit Röstzwiebeln. Dann **füge** ein wenig Ketchup und Senf **hinzu**. **Köstlich**.

PIERRO Ich mag die Brötchen hier nicht. Die Würstchen sind die besten, aber ich finde die Brötchen im nächsten Stand viel **schmackhafter**. Außerdem sind sie länger, damit du mehr **Nahrung** bekommst.

FATIMA Hey, tut mir leid, ich bin spät dran. Habt ihr schon gegessen?

PIERRO Nein, wir haben auf dich gewartet. Das ist Albert, unser neuer Kommilitone in diesem Semester. Albert, triff dich mit Fatima.

FATIMA Schön dich kennenzulernen Albert. Ich bin mir sicher, dass wir uns später kennenlernen werden, aber jetzt bin ich am verhungern. Lass uns essen.

ERICH Ich habe gerade Albert erzählt, welche Wurst die Beste ist.

FATIMA Oh, ich verstehe. Nun, ich gehe dorthin, um einen Tofu Burger zu bekommen. Ich werde euch hier treffen.

ALBERT Hmm, ein Tofu Burger klingt gut.

ERICH Albert, nein. Du bekommst keinen Tofu Burger bei deiner ersten Reise zum Münsterplatz. Du musst eine Wurst bekommen oder du bist für immer aus der Gruppe.

ALBERT Wow, harte Gruppe. Ok, dann habe ich die Bratwurst.

ERICH Gut. Das ist eine Bratwurst für dich und eine Currywurst für mich. Julia, willst du etwas von hier?

JULIA Ich stimme Pierro zu. Wir gehen zum nächsten Stand für die besseren Brötchen.

ERICH Ok, dann lass uns wieder hier essen gehen. Fatima kann später mit ihrem **Pappenburger** zurückkommen.

ALBERT Ich habe keine **Münzen**. Hier sind fünf Euro für meine Wurst.

ERICH Behalt dein Geld. Es ist eine **Ehre**, dich bei deiner ersten Münchner Bratwurst zu **verwöhnen**.

*Die Gruppe beendet ihr Mittagessen und will in den Freiburger Münster **eintreten**.*

FATIMA Mhm. Ich liebe den Tofu von dort drüben.

ALBERT Der sah lecker aus. Vielleicht werde ich einen das nächste Mal bekommen, wenn ich hierher komme.

FATIMA Ich empfehle er sehr. Also, warst du schon mal im Münster?

ALBERT Noch nicht. Ich ging ein paar Mal vorbei, war aber nicht sicher, ob er für die **Öffentlichkeit zugänglich** war.

FATIMA Ich könnte falsch liegen, aber ich denke, er ist die ganze Zeit offen. Julia, kennst du die Öffnungszeiten für den Münster?

JULIA Ich denke, er ist **während** der normalen Geschäftszeiten geöffnet. Also vielleicht bis 17 Uhr.

FATIMA Solange er offen ist, ist das die Hauptsache.

ALBERT Ja, ich kann es **kaum** erwarten, drinnen zu sehen, wenn er so schön ist wie draußen.

PIERRO Ich bekomme die Tür für euch alle. **Alter vor Schönheit**!

JULIA Komm schon. Dein Geburtstag ist einen Tag nach mir.

PIERRO Ja, aber ich fürchte, das Sprichwort bedeutet, dass wir immer noch nach Alter und Schönheit eintreten müssen, mit dem Jüngsten und Schönsten am Ende; ich!

JULIA Tut mir Leid, Albert. Ich wette, du wünschst dir, du hättest uns nie getroffen.

ALBERT Kein Problem. Der Münster ist wirklich cool. Es ist schwer zu glauben, dass die Arbeit, die in so etwas gebaut wurde, und all die kleinen Details perfekt sind.

ERICH Ich mag besonders alle Glasfenster. Man konnte nie **erraten**, wie toll sie von außen waren.

ALBERT Ich hätte meine Kamera mitbringen sollen.

ERICH Benutze einfach den auf deinem Handy.

ALBERT Ah, ich meine meine professionelle Kamera. Es hätte das **Umgebungslicht** hier perfekt **eingefangen**.

PIERRO Unsinn. Ich habe eine App auf meinem Handy, die Filter zu Fotos hinzufügen kann. Hier, schau. Siehst du?

ALBERT Schön. Aber ich denke nicht, dass es auf dem Computer gut aussehen wird. Nein, ich komme definitiv mit meiner Kamera hierher zurück.

Die Gruppe hat den Freiburger Münster verlassen und läuft Kaiser-Joseph Straße entlang.

ERICH Siehst du diese kleinen **Wasserströme**?

ALBERT Ich hatte sie letztes Wochenende **bemerkt**, aber es war Abend und es war kein Wasser in ihnen. Sind sie nur zum Ablassen von Wasser? Oder um eine **Flut** zu verhindern?

PIERRO Nein, du kannst von ihnen trinken. **Geh voran**!

FATIMA Hör ihm nicht zu Albert. Er ist ein Idiot.

ERICH Er hat recht. Sie wurden an einem Punkt zum Trinken von Wasser verwendet. Es war in unserem **Lehrbuch**.

FATIMA Aber nicht mehr. Sie heißen Bächle. Und du würdest heute nicht mehr von ihnen trinken wollen. Zu dreckig. Jetzt sind sie im Grunde nur eine Touristenattraktion.

JULIA Im Sommer siehst du kleine Kinder und Hunde, die darüber **planschen**.

FATIMA Ja, es gibt kleinen Boote, mit denen Kinder spielen. Schau da drüben, das Kind mit der blauen Jacke hat eins.

ALBERT Oh ja, ich verstehe was du meinst. Hoffe, er fällt nicht rein, das Wasser ist wahrscheinlich eiskalt.

ERICH Kommt deine Mutter aus Freiburg, Albert? Hat sie dir nicht davon erzählt oder dir Fotos gezeigt?

ALBERT Sie hat nichts über sie gesagt. Und ich habe nie gefragt. Aber ich bin froh, dass ich nicht gefragt habe, denn dann kann ich alles für mich selbst **entdecken**. Wie diese süßen Bächle.

JULIA Und es gibt einen **Aberglauben**, dass wenn du zufällig ins Bächle fällst, dann wirst du einen **Einheimischen** heiraten.

PIERRO Ich habe das auch gehört. Was für eine Menge Unsinn. Wenn du den Aberglauben kennst und zufällig in das Bächle fielst, dann könntest du einfach Frauen aus Freiburg **meiden**.

JULIA Ich finde, du solltest besonders vorsichtig sein, um nicht ins Bächle zu fallen. Es wäre so schade für einen Freiburger, der bei dir bleibt!

Vocabulary

Würstchen - Sausages
empfehle - recommend
hinzufüge - add
Köstlich - Delicious
schmackhafter - tastier
Nahrung - Food
Pappenburger - Cardboard Burger
Münzen - Coins
Ehre - Honor
verwöhnen - to treat
eintreten - enter
Öffentlichkeit zugänglich - Open to the public
Ich könnte falsch liegen - I could be wrong
während - while
Solange - So long
kaum - barely
Alter vor Schönheit - Age before beauty
erraten - guess
Umgebungslicht - Ambient light
eingefangen - captured
Unsinn - Nonsense
Wasserströme - Streams of water
bemerkt - noticed
Flut - Flood
Geh voran - Go ahead
Lehrbuch - Textbook
planschen - splashing
entdecken - discover
Aberglauben - Superstition
Einheimischen - A local
meiden - avoid

Chapter 9

Das Kaufhaus

*Nach dem Mittagessen geht Albert zum Kaufhaus, um ein Kissen zu kaufen. Eine **Verkäuferin** kommt herüber und bietet Hilfe an.*

VERKÄUFERIN Guten Tag. Kann ich Ihnen helfen?

ALBERT Guten Tag. Könnten Sie mir bitte sagen, wieviel dieses Kissen kostet? Ich kann den Preis nicht finden.

VERKÄUFERIN Klar. Das ist fünfundneunzig Euro und neunundneunzig Cent.

ALBERT Whoa, fast hundert Euro für ein Kissen. Warum kostet es so viel?

VERKÄUFERIN Es ist nicht so viel. **In der Tat** ist es eines unserer Mittelklasse-Modelle.

ALBERT Ok, aber was ist das Besondere daran?

VERKÄUFERIN Es ist mit europäischen **Gänsefedern** gefüllt und die Auenseite besteht zu 100 Prozent aus **Bio-Baumwolle**.

ALBERT Aber dieser hier sagt auch, dass er Gänsefedern hat und biologisch ist, kostet aber 79 Euro.

VERKÄUFERIN Der Unterschied ist **die Anzahl der Threads**. Je höher die Thread-Anzahl, desto teurer wird es sein.

ALBERT Ich glaube nicht, dass mir das wichtig ist. Ich will nur etwas, das fest ist.

VERKÄUFERIN Nun, Sie müssen den Komfort in **Betracht** ziehen. Sie werden schließlich jede Nacht etwa acht Stunden darauf schlafen.

ALBERT Ja, aber hundert Euro sind immer noch eine große **Investition**.

VERKÄUFERIN Ok, was ist Ihr Budget?

ALBERT Ich hatte gehofft, etwas für ungefähr zwanzig Euro zu kaufen.

VERKÄUFERIN Unser **grundlegendes** Modell kostet vierundzwanzig Euro und neunundneunzig Cent. Es ist aus synthetischen Federn und Materialien hergestellt.

ALBERT Können Sie es mir zeigen?

VERKÄUFERIN Klar, hier ist es.

ALBERT Oh, es kommt nicht einmal in einer **Schutztasche**. Es sitzt einfach **locker** auf dem Regal. Ich denke, viele Leute haben es schon **angerührt**.

VERKÄUFERIN Natürlich. Aber ich würde dieses Kissen sowieso nicht empfehlen. Obwohl es billig ist, wird es nicht die **Unterstützung** bieten, die Sie suchen.

ALBERT Ich denke nicht, es ist billig, aber es scheint billig gemacht. Und es ist überhaupt nicht fest, wie Sie gesagt haben.

VERKÄUFERIN Nein, wir verkaufen nicht viele davon. Lassen Sie mich Ihnen ein besseres Modell zeigen, das momentan im **Angebot** ist.

ALBERT Das wäre großartig, danke.

VERKÄUFERIN Dieser hier war zweiundsechzig Euro jetzt nur noch neunundvierzig Euro und fünfzig Cent.

ALBERT Ah ok. Das ist nicht viel von einem **Rabatt**. Haben Sie etwas, das noch mehr reduziert wurde?

VERKÄUFERIN Ja, da ist noch eine, die ich kenne. Dieser hier ist vierzig Prozent weg. Jetzt nur vierundvierzig Euro.

ALBERT Ok, und ich sehe, dass es auch Gänsefedern und Bio-Baumwolle hat. Ist das nur ein **Merkmal** all Ihrer Kissen?

VERKÄUFERIN Nicht alle. Wir haben Kissen aus **Schaumstoff**, die sich der Form Ihres Kopfes **anpassen**.

ALBERT Hmm, das klingt gut. Ich habe von denen gehört, aber nie eine ausprobiert. Empfehlen Sie sie?

VERKÄUFERIN Ja, das tue ich. Ich persönlich benutze keinen, aber ich habe viele positive **Bewertungen** von Leuten gehört, die das tun.

ALBERT Und wie viel verkaufen Sie sie?

VERKÄUFERIN Unsere **Schaumkissenkollektion** beginnt bei neunundfünfzig Euro.

ALBERT Das sind nur fünfzehn Euro mehr als das **ermäßigte** Kissen. Kann ich es sehen?

VERKÄUFERIN Das ist es hier, aber ich kann es nicht aus der Tasche nehmen. Sie können dieses **Anzeigemodell** berühren.

ALBERT Oh ja, das fühlt sich gut und fest an.

VERKÄUFERIN Und diese **Festigkeit** sollte während der gesamten **Lebensdauer** des Produkts beibehalten werden.

ALBERT Das ist gut. Obwohl ich nur für das Semester bleibe und ich glaube nicht, dass ich es mit nach Hause nehmen werde. Aber wenn ich so viel für ein Kissen bezahle, dann sollte ich es vielleicht mit nach Hause nehmen.

VERKÄUFERIN Ja, das ist eine gute Idee. Wenn Sie möchten, kann ich diese für Sie zur Kasse bringen und Sie können nach dem Einkauf bezahlen?

ALBERT Einen Moment. Ich habe eine Frage. Kann ich das Kissen für ein paar Nächte probieren und es dann zurückgeben, wenn es nicht **geeignet** ist?

VERKÄUFERIN Artikel müssen im **Originalzustand** zum **Umtausch** zurückgegeben werden.

ALBERT Ja, aber kann ich eine **Rückerstattung** bekommen, selbst wenn ich das Kissen benutze?

VERKÄUFERIN Für einen Tausch, ich **fürchte**, Sie müssten das Kissen zurückgeben, solange es noch in der Tasche ist und nicht benutzt wurde.

ALBERT Ok, das scheint nicht fair zu sein. Außerdem würde ich mein Geld nicht zurückbekommen, ich müsste es umtauschen. Ist das richtig?

VERKÄUFERIN Ja, das ist richtig. Aber dann können Sie das andere Kissen mit den Federn nehmen. Also, sollte ich das für Sie an der Kasse **ablegen**?

ALBERT Ich würde gerne noch **darüber nachdenken**.

VERKÄUFERIN Sie sollten nicht so lange warten, weil das Angebot enden könnte. Es ist besser, es jetzt zu kaufen.

ALBERT Eigentlich werde ich mich mehr **umschauen** und dann wiederkommen, ok?

VERKÄUFERIN Wann kommen Sie zurück?

ALBERT Ich bin mir nicht sicher, vielleicht später oder an einem anderen Tag.

VERKÄUFERIN Ok, kein Problem. Wenn Sie zurückkommen, fragen Sie bitte nach Sandra.

ALBERT Ok, aber ich bin mir nicht sicher, wann oder ob ich zurückkommen werde. Danke für Ihre Hilfe. Auf Wiedersehen.

Vocabulary

Verkäuferin - Saleswoman
In der Tat - As a matter of fact
Gänsefedern - Goose feathers
Bio-Baumwolle - Organic cotton
die Anzahl der Threads - the number of threads
Betracht - consider
Investition - Investment
grundlegendes - basic
Schutztasche - Protective bag
locker - loose
angerührt - touched
Unterstützung - Support
Angebot - Offer

Rabatt - Discount
Merkmal - Characteristic
Schaumstoff - Foam
anpassen - to adjust
Bewertungen - Reviews
Schaumkissenkollektion - Foam pillow collection
ermäßigte - reduced
Anzeigemodell - Display Model
Festigkeit - firmness
Lebensdauer - Life Span
geeignet - suitable
Originalzustand - Original state
Umtausch - Exchange
Rückerstattung - Refund
fürchte - afraid
ablegen - lay down
darüber nachdenken - think about it
umschauen - look around

Chapter 10

Das erste Date

Es ist Samstagabend und Natascha ist 20 Minuten zu spät zu ihrem Date mit Albert gekommen.

NATASCHA Tut mir leid, dass ich zu spät bin. Da war viel **Verkehr**.

ALBERT Es ist kein Problem. Ich wartete nicht lange. Warte, hast du nicht die Straßenbahn genommen?

NATASCHA Ok, du hast mich **erwischt**. Ich habe wirklich zu lange gebraucht, um mich fertig zu machen. Wie geht es dir?

ALBERT Es geht mir gut, danke. Und dir?

NATASCHA Auch gut.

ALBERT Ähm, hast du ein Restaurant im **Sinn**, in dem du gerne essen würdest?

NATASCHA Nicht wirklich. Ich bin nicht so hungrig.

ALBERT Ich habe von einem Ort gehört, der alle Arten von Schnitzel serviert, wenn du das **probieren** willst?

NATASCHA Sicher. Was immer du magst ist gut für mich.

ALBERT Ok, lass uns gehen. Ich denke, es ist gerade hier. Du siehst heute Nacht wirklich gut aus.

NATASCHA Nicht wirklich. Ich habe gerade etwas **angeworfen**.

ALBERT Aber dieses Kleid passt dir wirklich. Ich mag das. Und woher hast du diese **Halskette**?

NATASCHA Sie gehörte meiner Großmutter. Sie gab es mir an meinem achtzehnten Geburtstag.

ALBERT Oh schön. Lebt deine Großmutter noch in Freiburg?

NATASCHA Ja, ich besuche sie die ganze Zeit. Es macht wirklich Spaß mit ihr zu reden. Oh, du hast an diesen Ort gedacht? Ich war nur einmal hier. Es wird gut sein, dieses Mal ein anderes **Gericht** aus der Speisekarte zu probieren.

ALBERT Großartig. Ich bin froh, dass es dir gefallen hat und es dir nichts ausmacht, zurück zu kommen. Hier, lass mich die Tür für dich öffnen.

NATASCHA So ein Gentleman!

*Albert und Natascha haben sich **hingesetzt** und schauen auf die Speisekarte.*

ALBERT Also, was hast du das letzte Mal **bestellt**?

NATASCHA Ich habe das Haus speziell bestellt. Es kommt mit drei Arten von Soße. Curry, Käse und süßer Chili.

ALBERT Oh, das klingt lecker. Ich dachte an den Hawaiianer. Ich liebe **Ananas**.

NATASCHA Gute Wahl. Ich denke, ich möchte auch eine probieren, die diesmal nicht mit Soße kommt. Vielleicht das italienische **Kraut** mit Tomaten.

ALBERT Oh ja, das habe ich mir auch gedacht. Lass uns das Hawaiianische und das Italienische Kraut bekommen und dann **teilen**. Du nimmst die **Hälfte** von mir und ich nehme die Hälfte von dir.

NATASCHA Ok, das ist ein Deal. Und ich hoffe, du kannst mir helfen, einige meiner Chips zu nehmen. Ich glaube nicht, dass ich so viel essen kann.

ALBERT Natürlich kann ich helfen. Also geben sie hier große Portionen?

NATASCHA Nicht besonders groß, aber zu groß für mich. Normalerweise esse ich nicht so viel. Ich versuche, **Gewicht** zu **verlieren**.

ALBERT Du musst dich keine Sorgen machen. Du hast einen tollen **Körper**. Äh, ich meine, du bist überhaupt nicht fett.

NATASCHA Haha, danke. Du sagst das nur, um nett zu sein.

ALBERT Nein, wirklich. Deine Kleidung passt perfekt zu dir. Dein Kleid heute Abend ist sehr **hübsch**.

NATASCHA Ja, das hast du schon gesagt.

ALBERT Nun, das stimmt.

NATASCHA Genug über mich. Lass uns die Kellnerin anrufen.

ALBERT Haha, ok. Hier kommt sie jetzt.

NATASCHA Übrigens siehst du auch heute Abend gut aus.

ALBERT Danke.

Nach dem Essen reden Albert und Natascha vor dem Restaurant.

ALBERT Es ist eine schöne Nacht. Ich werde dich nach Hause bringen.

NATASCHA Bist du sicher? Es ist in **die entgegengesetzte Richtung** von deiner wohnung. Ich kann einfach die Straßenbahn nehmen.

ALBERT Es ist kein Problem. Jedenfalls möchte ich **sicherstellen**, dass du sicher nach Hause kommst.

NATASCHA Oh, also denkst du, du kannst mich beschützen?

ALBERT Natürlich kann ich. Weißt du, ich gehe ins Fitnessstudio. Nun, ich plane mindestens ins Fitnessstudio zu gehen.

NATASCHA Oh, dann bin ich es vielleicht, der dich beschützen muss.

ALBERT Okay, dann kannst du mich zuerst nach Hause gehen. Nur ein **Scherz**. Ist es diese Richtung?

NATASCHA Ja, diese Straße runter und dann ist es eine gerade Straße zu meiner Wohnung. Es ist ziemlich **dunkel**, brauchst du mich, um deine Hand zu halten, wenn wir dort ankommen?

ALBERT Haha, vielleicht.

NATASCHA Aw, mach dir keine Sorgen. Es ist eine nette **Gegend**. Nichts wird passieren.

ALBERT Lass uns trotzdem Händchen halten. Auch wenn nur für das **Gleichgewicht**.

NATASCHA Wow, wie romantisch. Kannst du nicht selbst balancieren?

ALBERT Ich sagte dir, ich plane nur ins Fitnessstudio zu gehen. Ich habe noch nicht angefangen. Schau, was passiert, wenn du meine Hand nicht hältst.

NATASCHA Oh ja, ich verstehe. Pass auf deinen **Schritt**, du willst nicht **versehentlich** in das Bächle fallen.

ALBERT Was für Bächle? Woah!

NATASCHA Pass auf!

Vocabulary

Verkehr - Traffic
erwischt - caught
Sinn - Mind
probieren - to try
angeworfen - threw on
Halskette - A necklace
Gericht - Dish
hingesetzt - sat down
bestellt - ordered
Ananas - Pineapple

Kraut - Herb
teilen - divide
Hälfte - Half
Gewicht - Weight
verlieren - to lose
Körper - Body
hübsch - pretty
die entgegengesetzte Richtung - the opposite direction
sicherstellen - to ensure
Scherz - Joke
dunkel - dark
Gegend - Area
Gleichgewicht - Balance
Schritt - Step
versehentlich - accidentally
Pass auf - Watch out

Bonus

Albert sendet eine E-Mail an seinen Vater und erzählt ihm, was er in der letzten Woche getan hat.

An: thehoff@internet.com

Betreff: Meine erste Woche in Freiburg

Hallo Papa,

Weil ich in Deutschland bin, werde ich dir auf Deutsch schreiben. Ich bin angekommen! Es war eine tolle Woche. Ich komme sehr gut mit meinem neuen Mitbewohner David zurecht. Er kommt aus Berlin. Wir gingen in meinem ersten Abend zum Abendessen und ich aß Flammkuchen. Der war mit Käse bedeckt. Du hättest ihn absolut geliebt. Und ich habe mein erstes legales Bier getrunken. Deutsches Bier ist unglaublich. Ich denke, du wusstest schon, dass ich dir das sagen würde!

Meine Kommilitonen sind wirklich cool. Wir sind zusammen in Freiburg herumgelaufen und ich habe sie wirklich kennengelernt. Ich plane, mit einem von ihnen ins Fitnessstudio zu gehen, und er sagt, dass er mir helfen wird, sich aufzubauen.

Ich habe auch ein deutsches Mädchen kennengelernt. Ihr Name ist Natascha. Wir waren gestern Abend verabredet und hoffentlich werde ich sie nächstes Wochenende wiedersehen. Sie hat mir so viel über Freiburg erzählt. Ich kann nicht warten, um mehr über diese Stadt mit ihr zu entdecken. Ich wollte beim Abendessen ein Foto mit ihr machen, aber ich hatte soviel Spaß, dass ich es vergessen habe.

Ich habe gehört, dass Deutsche manchmal unhöflich sind, aber alle waren sehr freundlich. Ich weiß nicht, wo sie diesen Ruf bekommen. Obwohl, ich wollte ein Kissen im Kaufhaus kaufen und die Verkäuferin war sehr aufdringlich. Aber ich denke, das ist normal für Verkäufer überall, nicht nur in Deutschland. Jedenfalls gehen David und ich nächste Woche zu IKEA und ich werde von dort ein Kissen kaufen. Nächste Woche gehe ich auch mit Mama zu meiner Patin, damit es Spaß macht.

Was hast du so gemacht? Bist du einsam ohne mich und Mama oder genießt es dir das ganze Haus zu haben?

Liebe,

Albert

Chapter 11

Der erste Tag des Semesters

Albert lernt in einem Vortrag die Geschichte von Freiburg kennen.

PROF SCHULZE Freiburg wurde 1120 von Konrad und Herzog Berthold III. Von Zähringen als freie Marktstadt gegründet. Frei bedeutet „frei" und Burg bedeutet „**befestigte** Stadt". Man könnte argumentieren, dass Freiburg eine „befestigte Stadt der freien Bürger" bedeutet.

ALBERT Psst Erich, was bedeutet befestigte?

ERICH Er meint, dass Freiburg eine gewisse **Abwehr** gegen Angriffe hat. Sie ist eine geschützte Stadt.

ALBERT Ah, wie zum Beispiel die **Stadttore**?

ERICH Genau.

PROF SCHULZE Die Habsbergs gründeten 1457 die Albert-Ludwigs-Universität und damit Deutschlands fünftälteste Universität. Und es ist **bemerkenswert**, dass wir heute viele Frauen in unserem Publikum haben. Kann mir jemand sagen, warum das bemerkenswert ist? Ja, Sie in der ersten Reihe. Was ist Ihr Name, bitte?

HANNA Ich heiße Hanna Schneider.

PROF SCHULZE Und können Sie mir sagen, Frau Schneider, warum wir glücklich sind, Sie heute in unserer **Gegenwart** zu haben?

HANNA Liegt es daran, dass Frauen erst im 19. Jahrhundert studieren durften?

PROF SCHULZE Richtig. Tatsächlich war die Albert-Ludwigs-Universität die erste Universität in Deutschland, die Frauen die **Einschreibung** erlaubte, die 1899 stattfand. Leider hat Deutschland in den folgenden 50 Jahren einige unglückliche Zeiten durchgemacht, wie Sie sicher alle wissen.

TIMO Professor Schulze, ist in Freiburg während des **Zweiten Weltkrieges** etwas passiert?

PROF SCHULZE Und Ihr Name ist?

TIMO Der ist Timo Jensen.

PROF SCHULZE Nun, Herr Jensen. Die Stadt Freiburg wurde tatsächlich mehrmals **bombardiert**. Aber es gab zwei sehr ernste Angriffe, von denen einer **zufällig** war. Möchte jemand dem Publikum von diesen Angriffen erzählen? Ja, Sie auf der **Rückseite**. Bitte sagen Sie Ihren Namen und erzählen Sie uns dann, was Sie wissen.

ALBERT Mein Name ist Albert Hoffman. Ich weiß nichts über den **Unfall**, aber ich habe gehört, dass die Briten Freiburg angegriffen und den größten Teil der Stadt **zerstört** haben. Im Jahr 1943 glaube ich.

PROF SCHULZE Vielen Dank, Herr Hoffman. Und ist das ein amerikanischer Akzent, den ich **erkenne**?

ALBERT Ja, ich komme aus New York.

PROF SCHULZE Nun, Herr Hoffman, Sie haben Recht mit dem Angriff, aber falsch mit dem Jahr. Die RAF hat die Stadt bombardiert, aber das war 1944. Zum Glück haben sie dem Münster keinen **Schaden zugefügt**, und wir können ihn heute alle noch besuchen. Wenn einer von euch noch nicht beim Münster war, dann fordere ich Sie alle auf, dies zu tun. Ja, die Person, die neben Herr Hoffman sitzt. Haben Sie etwas **hinzuzufügen**?

ERICH Ja, Professor. Der andere Angriff **ereignete** sich 1940. Die Deutschen hatten durch Zufall viele Bomben auf Freiburg abgeworfen und viele Menschen **getötet**. Oh, tut mir leid, mein Name ist Erich, Erich Trudeau.

PROF SCHULZE Das stimmt, Herr Trudeau. Wie es im Krieg oft **vorkommt**, werden Zivilisten von ihrem eigenen Militär **versehentlich** getötet. Wir werden in diesem Semester mehr über dieses **Phänomen** lernen. Weiß jemand, wie die Freiburger **Bevölkerung** heute steht?

HANNA Ist sie etwa 100.000?

TIMO Ich würde sagen, sie ist mehr wie 150.000.

PROF SCHULZE Nicht ganz. Möchte jemand anders **raten**? Ja, du mit dem rosa Hemd.

PING Mein Name ist Ping Dong. Ist sie eine halbe Million?

PROF SCHULZE Danke Herr Dong. Es stimmt auch nicht. Ok, alle, bitte **heben** Sie Ihre Hand, wenn Sie denken, dass sie mehr als 250.000 ist. Und jetzt weniger als 250.000. Ok, gut, die Leute, die weniger gesagt haben sind richtig.

TIMO Herr Schulze, ich habe gerade online gesucht und es sind rund 220.000 Menschen.

PROF SCHULZE Ah, Technologie. Das ist richtig, Herr Bensen.

TIMO Der ist Jensen, Herr Schulze.

PROF SCHULZE Nein, ich habe online nach dir gesucht und Sie heißen Bensen. Daher ist das Internet korrekt, nicht Sie. Ich scherze natürlich. Ich möchte nur darauf hinweisen, dass Sie nicht 100% auf alles, was Sie im Internet lesen, **vertrauen** sollten. Es ist wichtig, dass Sie die echten Geschichtsbücher in der Bibliothek studieren, um diesen Kurs zu bestehen.

Später diskutieren Albert und Erich über den Vortrag von Professor Schulze.

ALBERT Das war ein interessanter Vortrag. Ich denke, ich bin jetzt noch **stolzer**, hier an dieser Universität zu studieren.

ERICH Ich auch. Und was haltest du von Professor Schulze?

ALBERT Ich mag ihn. Er hat einen guten **Sinn** für Humor.

ERICH Hast du alles verstanden, was er gesagt hat?

ALBERT Es gab einige Wörter, die ich nicht verstehe, aber nicht viele.

ERICH Du kannst mich oder einen der Jungs immer fragen, wenn du die Wörter nicht kennst. Der Professor hat ein großes Vokabular und mag es, lange Wörter zu verwenden.

ALBERT Ja, tut er. Ich habe eigentlich erwartet, dass ich weniger verstehe, deshalb war ich **überrascht**, wie viel ich verstanden habe.

ERICH Zumindest spricht er **deutlich**. Und du konntest seinen Humor verstehen. Das ist also **beeindruckend**.

ALBERT Witze sind in der Sprache wichtig. Ich würde es hassen, der Einzige zu sein, der nicht lacht.

ERICH Nun, lass uns hoffen, dass alle unsere Kurse so interessant sind wie dieser. Was hast du denn jetzt?

ALBERT Ich bin eine Stunde frei, dann habe ich einen Vortrag über die deutsche **Gesellschaft** vor dem Ersten Weltkrieg. Und du?

ERICH Ich gehe jetzt in die Bibliothek, um zu sehen, ob sie das Buch haben, das der Professor empfohlen hat. Ich hoffe, jemand hat es noch nicht genommen.

ALBERT Ich bin mir sicher, dass sie viele Kopien aller empfohlenen Bücher haben. Aber vielleicht sollte ich jetzt mit dir gehen oder sonst werde ich derjenige sein, der es nicht bekommt.

ERICH Und wenn keiner von uns eine Kopie bekommt, dann suchen wir einfach online nach allem, nicht wahr?

ALBERT Haha, ja. Professor Schulze wird auf jeden Fall stolz auf uns sein, wenn wir das tun!

Vocabulary

befestigte - fortified
Abwehr - Defense
Stadttore - City gates
bemerkenswert - notable
Gegenwart - Presence
Einschreibung - Enrollment
Zweiten Weltkrieges - World War II
bombardiert - bombed
zufällig - coincidentally
Rückseite - Backside
Unfall - Accident
zerstört - destroyed
erkenne - recognize
Schaden zugefügt - Damage done
hinzuzufügen - add
ereignete - occurred
getötet - killed
vorkommt - occurs
versehentlich - accidentally
Phänomen - Phenomenon
Bevölkerung - Population
raten - guess
heben - to raise
vertrauen - trust
stolzer - proud
Sinn - Sense
überrascht - surprised
deutlich - clear
beeindruckend - impressive
Gesellschaft - Society

Chapter 12

Das Familienessen

Albert und einige seiner Familie essen zusammen bei Alberts Großvater.

FRAU HOFFMAN Um Himmels willen Cordelia, sieh dir an, wie viel Essen du gemacht hast. Wir sind nur fünf Personen. Wie werden wir alles essen?

TANTE CORDELIA Oh, es ist wirklich nichts. Wie auch immer, Albert sieht zu dünn aus. Er muss **nahrhaftes** hausgemachtes Essen essen.

FRAU HOFFMAN Das ist wahr. Gott weiß, was er isst, wenn er mit seinen Freunden in der Uni ist.

ALBERT Ich esse die ganze Zeit gesund. Aber das sieht toll aus Tante Cordelia.

FRAU HOFFMAN Sieht es **schmackhafter** aus als das Essen, das ich für dich mache?

ALBERT Natürlich nicht Mama, deine ist die Beste.

FRAU HOFFMAN Das musst du sagen, aber trotzdem danke.

ONKEL HERBERT Sei nicht **höflich**. Fang an zu essen.

TANTE CORDELIA Warte einen Moment. Bevor wir essen, lassen wir uns ein Familienfoto um den Tisch zusammen machen. Wer weiß, wann du und Albert zurückkommen und uns wieder besuchen werden.

FRAU HOFFMAN Albert, du sitzt vorne neben dem Opa.

OPA MÜLLER Die schönen Männer an der Front, nicht wahr Albert?

ALBERT Genau Opa.

ONKEL HERBERT Ich sollte dann auch vorne sitzen.

TANTE CORDELIA Träum weiter Herbert! Du bleibst mit deiner Schwester und mir auf der Rückseite. Ok, die Kamera ist bereit.

FRAU HOFFMAN Du hast den Timer nicht gedrückt. Wie wirst du das Foto machen?

TANTE CORDELIA Mein Handy ist über Bluetooth mit dieser **Fernbedienung** verbunden. Ich muss nur diese Taste auf der Fernbedienung drücken und mein Handy nimmt das Foto auf.

FRAU HOFFMAN Oh, wie **schlau**!

TANTE CORDELIA Alle lächeln. Ich werde ein paar nehmen und dann die schlechten später löschen. Opa, ich drucke ein guten für dich und lege es in einen **Rahmen**, okay?

OPA MÜLLER Großartig. Ich habe keine Bilder von mir und meinem Enkel zusammen.

ONKEL HERBERT Das Essen wird kalt, lass uns essen. Hier Albert, nimm eine **Schweinshaxe**.

ALBERT Danke Onkel Herbert. Kannst du die Kartoffeln weitergeben?

ONKEL HERBERT Klar. Hast du schon mal deutsche Mädchen kennen gelernt?

TANTE CORDELIA Macht nichts dagegen. Was denkst du über Freiburg? Schön, oder?

ALBERT Sehr schön. Mehr als ich erwartet hatte.

TANTE CORDELIA Ich werde dafür sorgen, dass deine Cousinnen dich kontaktieren und dich herumführen.

OPA MÜLLER Was haltest du von der Schweinshaxe? Schmeckt sie? Ist sie besser als amerikanische Schweinshaxe?

ALBERT Definitiv viel besser als in Amerika. Der amerikanische **Stil** kann nicht **vergleichen**. Aber ich bevorzuge die Kartoffeln und anderes Gemüse hier. Sie schmecken sehr frisch in Deutschland.

ONKEL HERBERT Wir haben hier bessere **landwirtschaftliche Vorschriften** als Amerika.

FRAU HOFFMAN Was ist mit diesem Sauerkraut? Hast du es selbst gemacht oder im Laden gekauft?

TANTE CORDELIA Großvater hat es geschafft. Es ist ein **Familiengeheimnis Rezept**.

FRAU HOFFMAN Warum hast du mir nicht das Rezept **beigebracht**, Papa?

OPA MÜLLER Ich möchte, dass das Rezept in Deutschland bleibt. Wenn du Albert hier bleibst, dann werde ich es dir beibringen. Ist das ein Deal?

ALBERT Haha, sehr **verführerischer** Opa.

ONKEL HERBERT Jetzt hast du noch einen Grund, in Freiburg eine Freundin zu finden.

FRAU HOFFMAN Es ist zu früh, um an Freundinnen zu denken. Konzentrier dich darauf, dein **Studium** zu beenden, dann kannst du anfangen, dich zu verabreden.

TANTE CORDELIA Genau. Ich habe Winnie dasselbe gesagt. Ich glaube nicht, dass sie mir zuhört. Sie geht die ganze Zeit mit ihren Freunden aus, also bin ich sicher, dass sie datiert.

ONKEL HERBERT Solange sie keine Jungs nach Hause bringt.

TANTE CORDELIA Sie bekommt gute Noten, deshalb kümmern wir uns nicht darum, dass sie Zeit mit ihren Freunden verbringt. Iss Albert auf. Es gibt genug für jeden. Nimm so viel wie du willst.

ALBERT Danke Tante Cordelia. Ich werde wirklich voll.

TANTE CORDELIA Denk daran, Platz für Kuchen und Eis zu sparen.

OPA MÜLLER Da ist immer Platz für Kuchen und Eis.

ONKEL HERBERT Dein Opa sagt immer, er hat einen extra **Bauch** zum Nachtisch. Magst du süßes Essen?

ALBERT Ich liebe es. Die Schokolade hier ist unglaublich. Viel süßer als amerikanische Schokolade.

TANTE CORDELIA Ich bin froh, dass du das gesagt hast, weil wir **Schwarzwälder Kirschtorte** mit Schokoladeneis haben.

ALBERT Großartig. Ich wollte schon immer eine authentische Schwarzwälder Kirschtorte aus dem Schwarzwald probieren.

FRAU HOFFMAN Keine für mich. Ich habe nichts gemacht außer essen, seit ich letzte Woche hier angekommen bin. Ich muss auf eine **Diät** gehen, **sonst** bin ich zu fett, um ins Flugzeug zu kommen.

ONKEL HERBERT Vielleicht auch nur ein kleines Stück für dich Albert. Mädchen mögen keine Männer mit einem dicken Bauch. Sie bevorzugen einen Mann mit einem Sixpack.

OPA MÜLLER Mach einfach, was ich getan habe. Finde eine schöne Frau, während du fit und **schlank** bist. Dann, nachdem du geheiratet hast, kannst du so viel Kuchen essen, wie du willst.

FRAU HOFFMAN Papa, sei nicht so **grob**.

OPA MÜLLER Es war nicht nur ich. Deine Mutter wurde auch fett!

Vocabulary

Um Himmels willen - For heaven's sake
nahrhaftes - nutritious
schmackhafter - tastier
höflich - polite
Träum weiter - Dream On
Fernbedienung - Remote Control
schlau - smart
Rahmen - Frame
Schweinshaxe - Pork knuckle
Macht nichts dagegen - Do not mind
Stil - Style
vergleichen - to compare
landwirtschaftliche Vorschriften - agricultural regulations
Familiengeheimnis Rezept - Family Secret Recipe
beigebracht - taught
verführerischer - tempting
Studium - Education
Bauch - Belly

Schwarzwälder Kirschtorte - Black Forest Gateau
Diät - Diet
sonst - otherwise
schlank - slim
grob - crude

Chapter 13

Das Fitnessstudio

Albert ruft Natascha an, um ihr zu sagen, was für eine gute Zeit er bei ihrem Date hatte und ob sie ihn am Wochenende wiedersehen möchte.

ALBERT Hallo Natascha, das ist Albert.

NATASCHA Hallo Albert, schön dich zu hören!

ALBERT Ich wollte nur anrufen und sagen, was für eine tolle Zeit ich mit dir beim Abendessen hatte.

NATASCHA Ich hatte auch Spaß. Danke, dass du mich in dieses Restaurant gebracht hast.

ALBERT Und ich habe mich gefragt, ob du am Samstag mit mir in Freiburg spazieren gehen möchtest? Wenn du frei bist, natürlich.

NATASCHA Ich würde mich gerne mit dir treffen und dich durch meine Stadt **führen**. Wir könnten vielleicht zu Mittag essen und ein Picknick im Park machen?

ALBERT Ja, das ist ein großartiger **Vorschlag**. Machen wir das.

NATASCHA Ok, toll. Wann sollen wir uns denn treffen?

ALBERT Ich **dachte** vielleicht um 10 Uhr.

NATASCHA Was ist die beste Zeit für dich. Ich bin den ganzen Tag frei.

ALBERT Dann haben wir den ganzen Morgen und Nachmittag zusammen.

NATASCHA Zehn **wären** perfekt. Bei Bertoldsbrunnen?

ALBERT Ah, ja. Lass uns dort treffen.

NATASCHA Gibt es etwas, was du nicht essen möchtest? Ich dachte, wir können nur Sandwiches und Kuchen mitbringen.

ALBERT Das klingt gut. Ich mag alles Essen und ich liebe Kuchen. Ich kann die Getränke bringen. Wie wäre es mit etwas Wasser für den Spaziergang und heißer Schokolade zum Mittagessen?

NATASCHA Heiße Schokolade ist perfekt für ein Picknick im Park. Gute Idee.

ALBERT Oh, mein Freund ist gerade angekommen. Wir gehen jetzt zusammen ins Fitnessstudio. Aber wir sehen uns am Samstag um zehn, ok?

NATASCHA Ok. Wir sehen uns am Samstag. **Baue** ein paar Muskeln, du brauchst sie. Tschüss.

ALBERT Haha, danke. Tschüss.

ERICH Hey, wie gehts?

ALBERT Ja, gut. Und dir?

ERICH Nicht schlecht. **Bist du bereit** für ein hartes Training heute?

ALBERT Ich wurde fertig geboren.

Albert und Erich trainieren im Fitnessstudio und reden über Alberts Date mit Natascha.

ALBERT Komm schon, du kannst noch zwei machen.

ERICH Nein, meine Arme wurden zu müde. Ich muss das Gewicht für mein nächster Satz **senken**.

ALBERT Das ist mein letzter **Satz** an dieser Maschine und dann werde ich weitermachen um an meinen Schultern zu arbeiten. Ich sehe zu **dünn** aus.

ERICH Ich denke du siehst gut aus. Vielleicht noch ein paar Kilo, das ist alles. Brauchst du Hilfe zu diesem Satz?

ALBERT Ja, ich werde versuchen, 12 **Wiederholungen** zu machen, also wirst du mir wahrscheinlich bei den letzten paar helfen müssen.

ERICH Ok, kein Problem. Verwendest du immer noch 65 Kilo für diesen Satz?

ALBERT Nein, ich denke, ich werde auf 55 fallen, weil ich diesen Satz von Pulldowns langsam **vervollständigen** möchte. Ich habe gehört, dass das der beste Weg ist, Muskeln aufzubauen. Ok, ich brauche Hilfe bei diesem.

ERICH Kein Problem. Ich werde sehen, wie viele du tun kannst und dann helfen, wenn ich sehe, dass du **kämpfst**.

ALBERT Ok, danke.

Puh, das war hart. Meine **Unterarme** sind tot. Ich werde dir auf diesem helfen, wenn du willst.

ERICH Nein, ich denke, ich kann es schaffen, weil ich das Gewicht auf 40 Kilo senken werde. Du kannst rüber gehen und mit dem Schulterdrücken beginnen.

ALBERT Ich warte nur bis du fertig bist, dann gehen wir zusammen hinüber. Sieh dir den Typen dort drüben an. Er ist **riesig**.

ERICH Ja, ich habe ihn letztes Semester gesehen, als er Handstand **Liegestütze** machte, als wären sie nichts. Es war **beeindruckend**.

ALBERT Ich glaube nicht, dass ich so groß sein möchte.

ERICH Keine Sorge, das würde viele Jahre dauern und viele **Drogen**.

ALBERT Es ist nicht wert. Apropos **Nahrungsergänzungsmittel**, trinkst du **Proteinpulver**?

ERICH Ich habe im Internet wirklich billiges Protein gekauft, aber ich habe eine Dokumentation darüber gesehen. Nach dem Anschauen stellte ich fest, dass der, den ich kaufte, wahrscheinlich **nutzlos** und nicht gesund war.

ALBERT Also, du nimmst nichts nach dem Fitnessstudio?

ERICH Eigentlich mache ich meinen eigenen Proteinshake. Er hat Früchte und **Samen** und **Erdnussbutter**. Er ist wirklich gesund, hat mehr **Eiweiß** als die Pulver und schmeckt fantastisch. Ich werde nächstes Mal ein extra für dich machen.

ALBERT Cool, danke. Ich brachte nur einen Thunfischsalat mit.

ERICH Gut. Ich denke, natürliches Protein aus der Nahrung ist der beste Weg, um dein Protein zu bekommen.

ALBERT Ich stimme zu. Ok, lass uns mit dieser Maschine fertig werden. Vergesst nicht, dass sich dein Handy auf dem Boden befindet.

ERICH Hey, das erinnert mich. Ich habe dich am Telefon gehört und vorher etwas über Samstag gesagt. Hast du mit einem Mädchen gesprochen? Hast du ein Date?

ALBERT Ja, wir waren letztes Wochenende zum Abendessen. Wir sehen uns dieses Wochenende wieder.

ERICH Ah ha, also deshalb willst du dich **massieren**. Du willst sie beeindrucken.

ALBERT Haha, nein. Mein Charme und gutes Aussehen sind genug. Um ehrlich zu sein, haben wir uns wirklich gut verstanden und ich denke, das könnte eine **ernsthafte Beziehung** werden.

ERICH Aber du lebst in New York und man sagt, **Fernbeziehungen** funktionieren nie.

ALBERT Das habe ich auch gehört. Aber sie sagte, sie würde gerne in New York leben, also wer weiß, was die **Zukunft** bringt.

Vocabulary

führen - to lead
Vorschlag - suggestion
dachte - thought
wären - would
Baue - Build
Bist du bereit - Are you ready

Ich wurde fertig geboren - I was born ready
senken - reduce
Satz - sentence
dünn - thin
Wiederholungen - reps
vervollständigen - to complete
kämpfst - fight
Unterarme - forearms
riesig - huge
Liegestütze - pushups
beeindruckend - impressive
Drogen - drugs
Nahrungsergänzungsmittel - Dietary supplements
Proteinpulver - protein powder
nutzlos - useless
Samen - seeds
Erdnussbutter - peanut butter
Eiweiß - protein
massieren - to bulk up
ernsthafte Beziehung - serious relationship
Fernbeziehungen - Long distance relationships
Zukunft - future

Chapter 14

Die Seifenoper

*Albert betritt das Wohnzimmer und **bemerkt**, dass David fernsieht.*

ALBERT Was siehst du gerade?

DAVID Lach nicht. Dies ist eine deutsche **Seifenoper**, die ich jeden Morgen sehe.

ALBERT Warum sollte ich lachen, Oma David? Also, worum geht's in der Serie?

DAVID Haha, dieses Paar hier ist verlobt, aber die Frau ist in seinen Bruder verliebt. Sie küsste den Bruder schon, aber ihr **Verlobter** weiß nichts davon.

ALBERT Eine **Dreiecksbeziehung**. Wie originell!

DAVID Genau. Die Show spielt in einem Fünf-Sterne-Hotel. Dieser Typ hier ist der Manager, aber er hatte einen Unfall und jetzt erinnert er sich nicht mehr an seine Frau oder seine Kinder.

ALBERT Bis jetzt gibt es eine **Affäre** und **Gedächtnisverlust**. Ich nehme an, dass eine Frau in der Serie **schwanger** ist, aber sie weiß nicht, wer der Vater ist.

DAVID Nein, du liegst falsch. Sie hat bereits geboren und wir haben letzte Woche herausgefunden, wer der Vater war, nachdem sie einen DNA-Test gemacht haben. Ihr Freund ist nicht der Vater.

ALBERT Ich hatte also recht mit der Geschichte, nur falsches Timing. Ich bin sicher, dass jemand anderes bald schwanger wird.

DAVID Und jemand wird ungefähr zur selben Zeit **sterben**. Ein **Tod** tritt immer kurz vor einer neuen Geburt auf.

ALBERT Was hat dich dazu gebracht, diese Show zu sehen?

DAVID Meine Mutter schaut sie jeden Tag an, also habe ich immer mit ihr beim Frühstück geguckt.

ALBERT Und wann bist du nach Hause gegangen?

DAVID Vor fünf Jahren.

ALBERT Also hast du sie in den letzten fünf Jahren **freiwillig** gesehen?

DAVID Eigentlich gibt es eine andere Seifenoper, die jeden Morgen vor dieser **ausgestrahlt** wird. Ich sehe beide an.

ALBERT Beide in einem Hotel?

DAVID Nein. Der andere spielt in einer Stadt in der Nähe von Hamburg. Sie hat auch ein Hotel, aber die ganze Stadt ist in der Show **vertreten**.

ALBERT Also kannst du das Set und all die Orte besuchen, die du in der Show siehst?

DAVID Ich mag die Show nicht so sehr. Es sieht wie ein cooler Ort aus, um zu besuchen.

ALBERT Möchtest du nicht die Stars der Show treffen?

DAVID Ich bin kein Stalker. Sie im Fernsehen zu sehen ist genug.

ALBERT Wird es nicht langweilig, immer wieder dieselben **Handlungsstränge** zu sehen?

DAVID Überhaupt nicht. Es ist was das **Publikum** will.

ALBERT Das ist wahr. Es müssen Geschichten sein, die die Leute erwarten oder die sie nicht mehr sehen.

DAVID In dieser Show mag ich, dass die Charaktere **glaubwürdig**, aber dramatisch sind.

ALBERT Du meinst, sie sind alltäglicher, durchschnittliche Leute?

DAVID Genau. Und immer kommen neue Charaktere in die Show und es gibt immer attraktive Schauspielerinnen, besonders diese auf dem Bildschirm.

ALBERT Und was ist ihre Geschichte? Ist sie jemand **lang verloren Zwilling**?

DAVID Gut **geraten**, aber nein. Sie ist gerade in der Stadt angekommen und möchte als **Zimmermädchen** im Hotel arbeiten. Ich denke, es wird Liebe auf den ersten Blick mit dem Hotel Barkeeper sein.

ALBERT Ja, und dann wird er sich in ihre beste Freundin verlieben und dann wird das die nächste Dreiecksbeziehung sein.

DAVID Hmm, vielleicht solltest du ein Autor für die Show sein.

ALBERT Zu langweilig.

DAVID Wenn sie so langweilig ist, warum sitzt du dann hier und schaust du sie dir an?

ALBERT Ich versuche nur mein Deutsch zu **verbessern**. Übrigens, was hat der Freund getan, als er herausfand, dass das Baby nicht seins ist? Hat er gegen den anderen gekämpft?

DAVID Oh, jetzt willst du mehr wissen! Sie hat noch niemandem davon erzählt. Außerdem ist ihr Freund im **Gefängnis**, weil er den Mann ermordet hat, mit dem sie geschlafen hat, aber er hat es nicht getan.

ALBERT Was?!

DAVID Warte. Es wird besser. Es war **tatsächlich** seine Mutter, die es für ihn getan hat.

ALBERT Ich denke, ich sollte mit dir zusehen. Nur um Deutsch zu **üben**.

DAVID Ok, ich glaube dir aber tausende würden es nicht tun.

ALBERT Wann ist die Show an jedem Tag?

DAVID Die erste beginnt um halb sieben und läuft für fünfundvierzig Minuten und dann beginnt diese direkt danach für weitere fünfundvierzig Minuten. Normalerweise mache ich mein Frühstück, bevor sie anfangen und schaue ihnen dann zu, während ich esse.

ALBERT Es ist ein guter Start in den Tag. Aber ich bin mir nicht sicher, ob ich so früh aufstehen kann.

DAVID Jetzt hast du einen guten **Grund** früh morgens aufzustehen.

ALBERT Ich werde früher schlafen müssen. Aber das ist unmöglich, wenn ich kein neues Kissen bekomme. Ich brauche etwas Festes.

DAVID Oh, ich bin heute Abend frei, wenn du immer noch mit mir nach IKEA gehen willst?

ALBERT Absolut. Ich bin **aufgeregt** zu sehen, wie es ist und hoffentlich ein gutes Kissen innerhalb meines Budgets zu kaufen.

DAVID Ich bin sicher, du wirst es tun. Heute Nacht wirst du gut schlafen. Und dann sehe ich dich morgen früh, um deine neuen Lieblings-Seifenopern mit mir zu sehen.

ALBERT Sagen wir niemandem, dass wir gemeinsam Seifenopern sehen.

DAVID Ich stimme zu. Wir wollen nicht, dass die Leute uns nennen, „die beiden Omas".

Vocabulary

bemerkt - noticed
Seifenoper - Soap opera
Verlobter - Fiance
Dreiecksbeziehung - Love triangle
Affäre - Affair
Gedächtnisverlust - Memory loss
schwanger - pregnant
sterben - to die
Tod - Death
freiwillig - voluntarily
ausgestrahlt - broadcast
vertreten - featured
Handlungsstränge - Storylines
Publikum - Audience

Das ist wahr - This is true
glaubwürdig - credible
alltäglicher, durchschnittliche Leute - everyday, average people
lang verloren Zwilling - long lost twin
geraten - guess
Zimmermädchen - Maid
verbessern - improve
Gefängnis - Jail
tatsächlich - indeed
üben - to practice
Grund - Reason
aufgeregt - excited

Chapter 15

Der IKEA-Laden

Albert und David sind bei IKEA angekommen und laufen im Laden herum.

ALBERT Dieser Ort ist cool. Ich kann nicht glauben, dass ich noch nie in IKEA eingekauft habe. Wofür sind diese **Pfeile** auf dem Boden?

DAVID Sie führen dich durch den Laden, um sicherzustellen, dass du alles siehst. Du musst ihnen nicht folgen, aber wir werden es tun, da du noch nie hier warst. Wir können schnell gehen, weil die Dinge, die wir kaufen wollen, tatsächlich unten sind.

ALBERT Da ist noch eine Etage unten! Cool!

DAVID Das Restaurant befindet sich auf dieser Etage. Wenn wir also diese Etage verlassen haben, sind wir bereit zu essen.

ALBERT Dieses Display sagt, diese Wohnung ist vierzig Quadratmeter. Weißt du was das in Fuß ist?

DAVID Ich würde sagen, knapp über 400 **Quadratfuß**.

ALBERT Wow, das ist **winzig**. Wie haben sie es geschafft, all diese Möbel in diese kleine Wohnung **einzubauen** und gut aussehen zu lassen? Ich würde gerne in einer solchen Wohnung leben.

DAVID Sie ist nichts besonderes. Sie hat nur das **Wesentliche** und nichts mehr. Zum Beispiel ein Bett und ein Schrank, ein Sofa und ein Fernseher und eine Einbauküche.

ALBERT Sie ist perfekt für einen Studenten, wenn sie es vorziehen, alleine zu leben.

DAVID Ich denke, sie passt besser zu einem alten Ehepaar im **Ruhestand**. Alles ist in der Nähe. Wenn es ein Student war, konnte er niemanden einladen. Es gibt keinen Platz für mehr als zwei Gäste.

ALBERT Guter Punkt. Aber ich glaube nicht, dass alte Menschen diesen modernen Stil mögen. Hey, das sieht aus wie der Tisch in unserem Wohnzimmer.

DAVID Das ist der Tisch aus unserem Wohnzimmer. Ich habe geholfen, er zu bauen, als der **Vermieter** er vor ein paar Jahren gekauft hat.

ALBERT Oh ja, du musst einige Dinge von hier selbst bauen.

DAVID Du musst jedes Möbelstück bauen, dass du hier kaufst, sogar ein Sofa.

ALBERT Ein Sofa?! Wie zur **Hölle** können normale Leute ein Sofa bauen?

DAVID Es ist wahrscheinlich nicht so schwer wie du denkst. Sie bieten klare **Anweisungen** und ich bin mir sicher, ein Sofa hat nicht so viele separate Teile.

ALBERT Ich nehme an, dass es einfacher ist, zu deiner Wohnung zu tragen, wenn es in kleineren Stücken ist.

DAVID Ah, du hast die schwedischen **Fleischbällchen**. Gute Wahl.

ALBERT Ich konnte nicht widerstehen. Sie rochen zu gut. Was hast du bekommen?

DAVID Sie haben ein spezielles Angebot für Spätzle, also habe ich das bekommen.

ALBERT Ich habe die **Werbung** gesehen, habe sie aber nicht am **Schalter** gesehen. Ich habe solche Fleischbällchen noch nie zuvor probiert.

DAVID Sie verkaufen sie nicht in New York?

ALBERT Nur die Fleischbällchen nach italienischer Art.

DAVID Weißt du, dass sie hier **gefrorene** Fleischbällchen verkaufen? Du kannst einige kaufen, wenn wir gehen und kochst du irgendwann zu Hause.

ALBERT Echt? Ich kaufe sie definitiv. Ich kann sie mit Nudeln kochen.

DAVID Das habe ich gemacht, aber ich habe es **satt**, so oft zu essen. Ich mache eine Weile Pause von Fleischbällchen. Wurdest du durch den Kuchen versucht?

ALBERT Ich habe darüber nachgedacht, aber ich sollte nicht so spät **zuckerhaltiges** Essen haben. Warum hast du nicht eins bekommen?

DAVID Der gleiche Grund wie die Fleischbällchen. Ich esse Kuchen jedes Mal wenn ich hierher komme und ich habe immer mindestens zwei stück gegessen. Ich wurde zu **dick**.

ALBERT Ich könnte nächstes Mal noch eins haben. Was ist dein Lieblingskuchen?

DAVID Ich mag die Kirschtorte am liebsten. Aber ich esse auch oft einen Berliner, weil sie billig sind.

ALBERT Ein Berliner? Was ist das?

DAVID So nennen sie in Teilen Deutschlands Marmeladekrapfen.

ALBERT Ah, jetzt verstehe ich, warum Leute sich oft über Präsident Kennedy lustig machen, nachdem er „Ich bin ein Berliner" gesagt hat.

DAVID Ja, außer es ist kein Witz in Berlin, weil wir sie da „Pfannkuchen" nennen.

Albert und David sind mit dem Essen fertig und schauen unten auf Kissen und Lampen.

ALBERT Ich denke, ich nehme das hier. Es **entspricht** meinen **Anforderungen**: fest und billig.

DAVID Willst du ein Schaumkissen? Ich habe gehört, sie sind die Besten.

ALBERT Diese **aufdringliche** Verkäuferin hat mir schon alles gesagt, was ich über Kissen wissen muss. Ich entschied, dass der Preis das Wichtigste für mich ist.

DAVID Welche Verkäuferin?

ALBERT Ich bin zum Kaufhaus in der Innenstadt gegangen und sie versuchte, mir ein teures Kissen zu verkaufen, nachdem ich ihr mein Budget erzählt hatte.

DAVID Wahrscheinlich, weil sie von höchster Qualität waren. **Denk daran**, du musst einen **Kissenbezug** kaufen.

ALBERT Oh ja. Ich habe das vergessen. Du kannst zu den Lampen gehen und ich werde **aufholen**. Ich werde nach einem billigen Kissenbezug suchen.

DAVID Ok, sicher. Ich habe schon gesehen, was ich online will, also werde ich schnell sein. Wenn du mich nicht an den Lampen siehst, dann bin ich in der Pflanzenabteilung.

ALBERT Erhaltest du Pflanzen für dein Zimmer oder die Wohnung?

DAVID Für mein Zimmer. Ich habe vor ein paar Monaten ein paar wirklich schöne gekauft, aber sie sehen schon tot aus.

ALBERT Ich kann auch keine Pflanzen am Leben erhalten. Ich könnte auch ein paar Pflanzen für mein Zimmer kaufen. Vielleicht werde ich mehr Glück haben, sie in Deutschland am Leben zu erhalten.

DAVID Ich dachte, du müsstest sie nur **gießen** und sie kümmern sich selbst.

ALBERT Und manche brauchen Sonnenlicht. Aber genau die richtige **Menge**. Zu viel oder zu wenig und sie werden sterben.

DAVID Vielleicht hast du einfach nicht genug mit ihnen geredet.

ALBERT Sprichst du mit deinen Pflanzen? Meine Eltern würden mich für verrückt halten, wenn sie mich mit Pflanzen sprechen hören würden.

DAVID Sing stattdessen zu ihnen. Dann werden deine Eltern denken, dass du einfach singst.

Vocabulary

Pfeile - Arrows
Quadratfuß - Square feet
winzig - tiny
einzubauen - install
Wesentliche - Basics
Ruhestand - Retirement
Vermieter - Landlord
Hölle - Hell
Anweisungen - Instructions
Fleischbällchen - Meatballs
Werbung - Advert
Schalter - Counter
gefrorene - frozen
Echt - Really
satt - fed up
zuckerhaltiges - sugary
dick - fat
entspricht - satisfies
Anforderungen - Requirements
aufdringliche - pushy
Denk daran - Remember
Kissenbezug - Pillowcase
aufholen - catch up
gießen - to water
Menge - Amount

Chapter 16

Das Einkaufen

*Albert und seine Mutter sind im **örtlichen** Supermarkt angekommen, um Lebensmittel zu kaufen.*

FRAU HOFFMAN Was kaufst du?

ALBERT Ich möchte **Hafer** zum Frühstück kaufen, aber ich weiß nicht, was ich sonst noch brauche.

FRAU HOFFMAN Einfach nur Hafer? Das schmeckt nicht sehr gut. Wie wäre es mit Honig oder getrockneten Früchten?

ALBERT Ja, das habe ich gemeint. Hafer und all die anderen Sachen, die ich **hinzufügen** werde.

FRAU HOFFMAN Du hättest eine Liste machen sollen. Es ist leicht zu vergessen, die Dinge zu kaufen, die du kaufen wolltest, und dann kaufst du Dinge, die du nicht brauchst.

ALBERT Ich suche normalerweise nur nach frischen Produkten, die in diesem Moment angeboten werden.

FRAU HOFFMAN Brauchst du nicht Brot und Milch und Fleisch und Nudeln und Reis? Und vielleicht auch Toilettenartikeln oder **Reinigungsprodukten**?

ALBERT Ja, ich habe vor, einfach durch den ganzen Laden zu gehen und **aufzuheben**, was ich brauche, wenn ich es sehe.

FRAU HOFFMAN Aber wenn du deine **Mahlzeiten** im Voraus planst, dann weißt du, was du kaufst und wirst nicht zu viel ausgeben. Außerdem wirst du keine Zeit zu Hause verbringen und darüber nachdenken, was du mit den **Zutaten** machen solltest, die du gekauft hast.

ALBERT So kaufe ich zu Hause ein und es war nie ein Problem. Solange ich Hafer zum Frühstück habe, kann ich später über die anderen Mahlzeiten nachdenken.

FRAU HOFFMAN Also gut.

ALBERT Ich hol einen **Einkaufskorb**.

FRAU HOFFMAN Am besten hol dir einen Einkaufswagen, damit du deine Tasche **aufhängen** kannst, anstatt sie mitzunehmen und einzukaufen. Hier sind fünfzig Cent für den Einkaufswagen.

ALBERT Danke. Zurück in einer Sekunde.

Hier sind deine fünfzig Cent zurück. Er braucht nur eine Euro-Münze.

FRAU HOFFMAN Behalte sie einfach. Ich versuche, meine kleinen Münzen **loszuwerden**, bevor ich nach Hause gehe. Lass mich meine Jacke in den Einkaufswagen legen. Ok, also welches Gemüse willst du?

ALBERT Ich werde auf jeden Fall Karotten und Tomaten bekommen. Sie sind im Moment im Angebot. Zwiebeln auch.

FRAU HOFFMAN Wie wäre es mit **Süßkartoffel**?

ALBERT Ich würde sie gerne kaufen, aber sie ist ein bisschen teuer. Normale Kartoffeln sind jedoch billig. Muss ich sie in einer 3kg-**Tüte** kaufen? Ich glaube nicht, dass ich sie alle essen kann, solange sie noch frisch sind.

FRAU HOFFMAN Diese Kartoffeln sind nur 1,99 pro Kilo. Wie viele willst du?

ALBERT Hmm, **komisch**. Der Preis pro Kilo ist immer noch teurer als der 3kg Sack. Ich kaufe einfach den großen Sack.

FRAU HOFFMAN Du kannst sie immer mit David teilen.

ALBERT Ich denke das ist genug Gemüse für ein paar Tage. Diese Bananen sehen gut aus. Ich denke, ich bekomme etwas für einen Snack in Uni.

FRAU HOFFMAN Sieh dir die Äpfel an. Sie sind **eine kaufen, eine gratis bekommen**.

ALBERT Aber dann muss ich 2kg Äpfel essen. Es sei denn, ich teile sie auch mit David.

FRAU HOFFMAN Vielleicht solltet ihr zwei in Zukunft zusammen einkaufen.

Albert und seine Mutter sind an der Kasse und zahlen für seine Einkäufe.

VERKÄUFERIN Sie haben vergessen, diese Bananen zu **wiegen** und einen **Aufkleber** auf die Tasche zu legen.

ALBERT Oh, Entschuldigung. Ich wusste nicht, dass ich es musste.

VERKÄUFERIN Wollen Sie sie noch?

ALBERT Ja, sollte ich schnell zurücklaufen, um sie zu wiegen?

VERKÄUFERIN Nein, nein. Bitte benutzen Sie die **Waage** gleich neben der Kasse 3 und kommen Sie zurück.

ALBERT Ok, zurück in einer Minute.

Ok.Bitte schön. Ich wusste nicht, dass du das hier selbst machen musstest. Warum hast du es mir nicht gesagt?

FRAU HOFFMAN Ich wusste es auch nicht. Ich bin noch nie **gebeten** worden, Obst und Gemüse selbst zu wiegen. Normalerweise machen sie es an der Kasse.

VERKÄUFERIN Nicht alle Supermärkte machen es an der Kasse. Einige müssen Sie selbst tun. Aber es ist kein Problem, wenn Sie es vergessen. Es gibt immer eine Reihe von Waagen in der Nähe.

ALBERT Gut zu wissen.

VERKÄUFERIN Haben Sie eine Payback-Karte?

ALBERT Nein, was ist das?

VERKÄUFERIN Es ist eine **Kundenkarte**. Sie können sie in vielen lokalen Geschäften verwenden, um Punkte zu **sammeln**. Punkte können dann gegen Geschäftsguthaben **eingetauscht** werden, um beim Einkauf Geld zu sparen.

ALBERT Ich glaube nicht, dass ich lange genug hier sein werde, um **genügend** Punkte zu sammeln.

VERKÄUFERIN Ihre Summe ist 23,45 Euro Wie möchten Sie bezahlen?

ALBERT Mit Karte bitte.

VERKÄUFERIN Möchten Sie Geld **abheben**?

ALBERT Hmm, vielleicht sollte ich. Kann ich bitte 40 Euro bekommen?

VERKÄUFERIN Ok. Legen Sie einfach Ihre Karte in den Boden und geben Sie Ihre PIN ein.

ALBERT Ich hoffe, das funktioniert.

VERKÄUFERIN Nehmen Sie Ihre Karte raus. Möchten Sie die **Quittung**?

ALBERT Nein danke.

FRAU HOFFMAN Sie sollten immer die Quittung nehmen.

ALBERT Ok, ja, bitte geben Sie mir die Quittung.

VERKÄUFERIN Und hier ist Ihr 40 Euro. Einen schönen Tag noch.

ALBERT Danke. Gleichfalls. Tschüss.

Vocabulary

örtlichen - local
Hafer - Oats
hinzufügen - Add
Reinigungsprodukten - Cleaning products
aufzuheben - pick up
Mahlzeiten - Meals

Zutaten - Ingredients
Einkaufskorb - Shopping basket
aufhängen - hang
loszuwerden - get rid of
Süßkartoffel - Sweet potato
Tüte - Bag
komisch - funny
eine kaufen, eine gratis bekommen - buy one, get one free
wiegen - to weigh
Aufkleber - Sticker
Waage - Scales
gebeten - asked
Kundenkarte - Customer loyalty card
sammeln - collect
eingetauscht - exchanged
genügend - enough
abheben - withdraw
Quittung - receipt

Chapter 17

Die Patin

Albert und seine Mutter besuchen Alberts Patin.

FRAU ROT Wow, schau dir die Höhe von dir an. Ich kann nicht glauben, wie groß du bist. Sie müssen dich in Amerika gut **ernähren**. Wie groß bist du jetzt?

ALBERT Ich bin 180cm groß. Es ist nicht so groß.

FRAU HOFFMAN Er ist eigentlich einer der Kürzesten in seiner Klasse. Immer war seit dem Kindergarten.

FRAU ROT Nun, du bist immer noch sehr groß zu mir. Kannst du dich an mich erinnern?

ALBERT Nicht wirklich. Wie alt war ich?

FRAU ROT Es war auf deiner fünften Geburtstagsparty. Wir sind nach New York geflogen, nur um dich zu sehen.

ALBERT Ich kann mich nur an diese Party erinnern, als mein bester Freund mir einen **Taschenrechner** geschenkt hat.

FRAU HOFFMAN Das ist alles, an was du dich erinnern? **Weder** der Clown noch der Geburtstagskuchen?

ALBERT Nichts. Nur der Taschenrechner.

FRAU ROT Ich erinnere mich noch an diesen Clown. Er war sehr gut. War es nicht einer deiner **Nachbarn**?

FRAU HOFFMAN Ja. Herr Daniels von der anderen Straßenseite.

ALBERT Alter Herr Daniels! Aber er hasst Kinder. Er hat uns immer **beschimpft**, weil wir auf der Straße Hockey gespielt haben.

FRAU HOFFMAN Er hat dich nur davor **bewahrt**, von einem Auto angefahren zu werden. Wir lebten damals auf einer sehr belebten Straße.

ALBERT Ich war froh, dass wir umgezogen sind, bevor ich mit dem **Gymnasium** angefangen habe.

FRAU ROT Tolle Erinnerungen. Kannst du glauben, dass es 15 Jahre her ist, seit wir uns gesehen haben?

FRAU HOFFMAN Ich weiß. Es ist zu lange her.

FRAU ROT Wusstest du, dass deine Mutter und ich uns jeden Tag gesehen haben, als wir Teenager waren?

ALBERT Ja, sie hat gesagt, ihr seid beste Freunde. Und deshalb hat sie dich gebeten, meine Patin zu sein.

FRAU ROT Sie hat mich meinem Mann vorgestellt. **Ursprünglich** wollte er mit deiner Mutter ausgehen, aber sie sagte ihm, dass er mit mir ausgehen solle.

FRAU HOFFMAN Ich wusste, dass ihr zwei besser **zusammenpasst**. Ich hatte Träume davon, die Welt zu **bereisen**, also wollte ich keinen Freund.

FRAU ROT Nun, du hattest Recht. Übrigens, als du gesagt hast, dass du kommst, habe ich ein paar unserer alten Fotos angeschaut. Hier kommt einer von mir und deiner Mutter in die Disco.

ALBERT Haha, Mama schau dir deine **Frisur** an.

FRAU HOFFMAN Das war damals der Trend. Ich bin mir sicher, dass deine Kinder auf Fotos von dir zurückblicken und lachen werden.

FRAU ROT Und hier ist einer von uns auf dem Weihnachtsmarkt. Das war der Tag, nachdem mein Mann **vorgeschlagen** hatte und wir mit **Glühwein** feierten.

ALBERT Ihr beide seht sehr glücklich aus. Ist dein Mann jetzt bei der Arbeit?

FRAU ROT Ja, er arbeitet als **Feuerwehrmann**. Unsere beiden Söhne arbeiten auch als Feuerwehrleute, aber an verschiedenen Stationen.

ALBERT Ausgezeichnet. Wie alt sind sie?

FRAU ROT Alan ist 31 und Hans ist 29.

ALBERT Sind sie verheiratet?

FRAU ROT Hans heiratete seine Schulfreundin als er 18 war und sie haben drei wunderschöne Kinder. Alan war verheiratet, aber sie haben sich kürzlich **geschieden**. Sie teilen das **Sorgerecht** für ihre Tochter.

FRAU HOFFMAN Und du? Wie genießt du den Ruhestand?

ALBERT Oh, du bist im Ruhestand. Wo hast du vorher gearbeitet?

FRAU HOFFMAN Sie war Bankmanagerin.

FRAU ROT Das stimmt. Sobald die Kinder im Kindergarten waren, ging ich zur Arbeit in der Bank und war dort für mehr als 25 Jahre.

ALBERT Ich habe nicht bemerkt, dass das **Rentenalter** in Deutschland so niedrig war.

FRAU ROT Es ist nicht. Ich entschied mich, früh in Rente zu gehen und **Kunstunterricht** zu nehmen.

FRAU HOFFMAN Das erinnert mich daran, dass ich einen Termin bei der Bank für dich gemacht habe, um mit einem **Vertreter** der Versicherungsgesellschaft zu sprechen.

ALBERT Wissen sie, wofür der Termin ist?

FRAU HOFFMAN Ja, der Vertreter Herr Bootz wird dir alles erklären.

FRAU ROT Oh, dieses Foto ist lustig. Das ist deine Mutter, nachdem sie beim Handstand den Spiegel **zerbrochen** hat.

FRAU HOFFMAN Dieser Spiegel war eine **Antiquität**. Dein Großvater war wütend. Dies ist ein gutes Beispiel dafür, warum du eine Haftpflichtversicherung **benötigest**.

ALBERT Deine Versicherung bezahlt, um den Spiegel zu **reparieren**?

FRAU HOFFMAN Wir hatten keine Versicherung. Deshalb war er wütend.

FRAU ROT Ich erinnere mich. Er lachte normalerweise über die verrückten Dinge, die wir gemacht haben, aber er war wirklich wütend auf diese Zeit.

FRAU HOFFMAN Er sagt immer, es sei **unchristlich**, wütend zu sein.

FRAU ROT Ja, ich erinnere mich, dass er das gesagt hat. Gehst du in die Kirche, Albert?

ALBERT Nein. Ich bin jede Woche in die Kirche gegangen, als ich jung war, aber jetzt nur zu Weihnachten.

FRAU ROT Meine Kinder sind auch nicht sehr religiös. Wir laden sie jeden Sonntag zur Kirche ein, aber sie haben immer **Ausreden**.

FRAU HOFFMAN Die jüngere Generation interessiert sich nur nicht für die Kirche.

ALBERT Es ist schwierig für mich, an Gott zu glauben, wenn ich so viel über die Geschichte der Welt studiere.

Vocabulary

ernähren - to feed
Taschenrechner - Calculator
Weder - Neither
Nachbarn - Neighbors
beschimpft - scolded
bewahrt - protect
Gymnasium - High school
Ursprünglich - Initially
zusammenpasst - match
bereisen - travelling
Frisur - Hairstyle
vorgeschlagen - proposed
Glühwein - Mulled wine
Feuerwehrmann - Firefighter
geschieden - divorced
Sorgerecht - Custody
Rentenalter - Retirement age
Kunstunterricht - Art lessons
Vertreter - Representative
zerbrochen - broken
Antiquität - Antique
benötigest - need
reparieren - repair
unchristlich - unchristian
Ausreden - Excuses

Chapter 18

Die Anschlagtafel

Albert und seine Kommilitonen sehen sich die Notizen an der **Anschlagtafel** *an der Universität an.*

PIERRO Ha, 200 Euro für eine **gebrauchte** G2000 Akustikgitarre. Du kannst eine brandneue für weniger als das kaufen. Wer auch immer diese Anzeige **platziert** hat, träumt.

ERICH Sie sagt 200 Euro oder bestes Angebot. Der Verkäufer legte 200 Euro wird aber wahrscheinlich ein Angebot für viel weniger akzeptieren.

ALBERT Ich frage mich, ob es für dieses Fahrrad genauso ist. Es sagt 450 Euro, aber ich möchte nicht so viel bezahlen, wenn ich es nur für ein paar Monate benutze.

PIERRO Das ist ein gutes Modell. Wenn es funktioniert, dann ist es ein guter Preis. Neue kosten etwa 1500 Euro.

ERICH Ich glaube, du gehst besser zum Fahrradmarkt. Dort kannst du verschiedene Fahrräder **ausprobieren** und Preise **vergleichen**.

ALBERT Ich denke du hast recht. Ich möchte meine Zeit oder die Zeit des Verkäufers nicht **verschwenden**, wenn er mein Angebot nicht akzeptiert.

PIERRO Ich kann die Anzeige für diese Akustikgitarre immer noch nicht glauben.

ERICH Es ist nicht so seltsam. Vielleicht hat er viel mehr als 200 Euro bezahlt.

PIERRO Wenn er 200 Euro für diese Gitarre bekommt, dann werde ich eine Anzeige für meine alte Akustikgitarre für 500 stellen. Die **Saiten** sind kaputt, aber sie ist immer noch ein besseres Modell als das.

ERICH Ich **bezweifle**, dass jemand eine Gitarre mit gebrochenen Saiten für 500 Euro kaufen wird. Jetzt träumst du.

PIERRO Wir werden sehen. Also, Albert, du suchst ein Fahrrad?

ALBERT Ich denke darüber nach. Wäre gut, um die Stadt und im Wald zu fahren.

PIERRO Wenn du ein bekommst, lass es mich wissen. Ich kenne einige wirklich aufregende Wege im Wald, zu denen wir fahren können.

ALBERT Ah, **ausgezeichnet**. Ich werde definitiv ein kaufen.

ERICH Dann musst du ein Mountainbike kaufen.

ALBERT Das macht es einfacher zu suchen, wenn ich auf den Markt gehe.

PIERRO In der Zwischenzeit kann ich meinen Mitbewohner fragen, ob du sein Fahrrad benutzen kannst, wenn du willst?

ALBERT Danke, aber ich mag es nicht, Dinge von anderen Leuten zu **leihen**. Lass uns warten, bis ich eins für mich kaufe.

PIERRO Das Angebot ist offen, wenn du deine **Meinung** änderst.

ERICH Und du kannst hier eine Anzeige aufgeben, um es zu verkaufen, bevor du zurück nach Amerika gehst.

PIERRO Und mach den Preis viel höher als du bezahlt hast.

ALBERT Haha, vielleicht kann ich etwas Geld verdienen.

ERICH Apropos Geld, schau dir alle Anzeigen für einen **Mathelehrer** an. Wie kommt es, dass niemand jemals ein Tutor für Geschichte braucht?

PIERRO Ich weiß. Mathe-Tutoren können so viel Geld verdienen. Ich würde es lieben, das für ein paar Stunden pro Woche zu verdienen.

ALBERT Wirst du nicht viel für deine Gigs bezahlt?

PIERRO Das Geld ist in Ordnung, aber wir müssen es zwischen vier Bandmitgliedern aufteilen.

ERICH Wie gut bist du dann in Mathe, Albert? Denkst du, du könntest einen Gymnasiasten unterrichten?

ALBERT Ich erinnere mich an keine Mathematik, die ich in der Schule gelernt habe. Obwohl ich ein bisschen mehr Geld verdienen möchte, während ich hier bin. Gibt es Anzeigen für Teilzeitjobs?

ERICH Hier ist einer für einen Babysitter.

PIERRO Haha, wie gut bist du mit Kindern, Albert?

ALBERT Lass das ignorieren. Was gibt es noch?

ERICH Hier ist einer für ein Call-Center. Es sagt 50 Euro pro Stunde.

PIERRO Es muss Telemarketing sein.

ALBERT Ich hasse es, wenn Leute mich anrufen und versuchen, mir etwas zu verkaufen, also möchte ich nicht einer dieser Leute werden. Was verkaufen sie?

ERICH Das sagt es nicht.

PIERRO Ich suche den Firmennamen online.

Ihre Website sagt, sie verkaufen Versicherungen.

ALBERT Das ist die schlimmste Art von Telemarketer.

ERICH Es sagt nicht Telemarketing. Es könnte etwas anderes sein.

PIERRO Für diesen **Betrag** pro Stunde muss es Telemarketing sein.

ALBERT Außerdem glaube ich nicht, dass mein Deutsch gut genug ist, jemanden am Telefon davon zu **überzeugen**, eine Versicherung zu kaufen.

PIERRO Es wird gut sein, **besser zu werden**.

ERICH Hmm, ich sehe keine anderen Jobs hier.

ALBERT Ich denke, es gibt nicht viele Jobs für Studenten in Freiburg.

ERICH Nicht unbedingt. Dies ist nur eine Anschlagtafel.

PIERRO Viele Stellen **werben** normalerweise in der Zeitung oder im **Schaufenster**, wenn du als Verkäufer arbeiten willst.

ERICH Und du kannst immer das Universitätskarrierezentrum fragen. Oder sprich mit dem Professor.

ALBERT Warum mit dem Professor sprechen?

ERICH Er kennt viele Leute in Freiburg und bekommt oft Anfragen, ob sich einer seiner Studenten für Arbeit interessiert.

PIERRO Ja, er hat sogar einen Job für mich und ein paar andere gefunden, um ein paar Tage im Rathaus zu arbeiten.

ALBERT Ok, dann werde ich ihn fragen, ob er Möglichkeiten für Teilzeitarbeit hat.

Vocabulary

Anschlagtafel - Bulletin board
gebrauchte - second hand
platziert - placed
ausprobieren - to try out
vergleichen - to compare
verschwenden - waste
Saiten - Strings
bezweifle - doubt
ausgezeichnet - excellent
In der Zwischenzeit - In the meantime
leihen - lend
Meinung - Opinion
Apropos - By the way
Mathelehrer - Math tutor
Betrag - Amount
überzeugen - convince
besser zu werden - to get better
werben - advertise
Schaufenster - Store window

Chapter 19

Der Buchladen

Am Samstag laufen Albert und Natascha in Freiburg herum. Sie gehen in einen Buchladen und sprechen über ihre Lieblingsbücher.

ALBERT Kein guter Tag für einen Spaziergang.

NATASCHA Nein, heute ist es nicht sehr schön.

ALBERT Meine Wetter-App sagt, dass es bald regnen wird. Ich mag den Winter, aber manchmal wird es zu kalt und **nass**.

NATASCHA Ich weiß was du meinst. Ich mag sowohl den Winter als auch den Sommer, aber ich wäre immer noch lieber kalt als heiß.

ALBERT Genau so fühle ich mich. Wenn es kalt ist, kann man einfach Winterkleidung **anziehen**. Aber wenn es zu heiß ist, gibt es nichts, was du tun kannst. Außer natürlich alle deine Kleidung auszuziehen.

NATASCHA Ha, ich denke du würdest dafür **verhaftet** werden.

ALBERT Es hängt davon ab, wo du es machst. In der Mitte der Stadt wäre keine gute Idee.

NATASCHA Vielleicht ist es am besten, einfach drinnen zu bleiben oder in ein Geschäft mit **Klimaanlage** zu gehen. Wie ein Buchladen.

ALBERT Gute Idee. Gibt es in Freiburg gute Buchläden?

NATASCHA Ja, da ist einer genau hier.

ALBERT Ah ja. Lass uns **eintreten**, bevor es zu regnen beginnt. Hier, lass mich die Tür öffnen.

NATASCHA Für welche Bücher interessierst du dich?

ALBERT Abgesehen von Geschichtsbüchern mag ich Autobiografien.

NATASCHA Ich auch. Ich meine, ich mag Autobiographien, nicht Geschichtsbücher. Ich glaube, sie **befinden sich** im zweiten Stock. Diese Etage ist nur für **Romane**.

ALBERT Magst du keine Romane?

NATASCHA Ich habe viele gelesen, aber ich habe nur ein paar gelesen, die mir gefallen haben. Hast du *Der Alchimist* gelesen?

ALBERT Ja, ich denke, jeder hat das gelesen. Meine Lieblingsliteratur ist die Fantasy-Trilogie ***Der Herr Der Ringe***. Plus *Der Hobbit* natürlich. Hast du sie gelesen?

NATASCHA Nein, ich habe die Filme gesehen, aber ich bin nicht so ein Fan von Fantasy. Was ist besser, die Bücher oder die Filme?

ALBERT Die Bücher sind viel **beschreibender** und haben mehr Charaktere als im Film, also mag ich sie, aber die Filme waren fantastisch. Der dritte Film gehört zu meinen drei beliebtesten Filmen aller Zeiten.

NATASCHA Gibt es ein Buch, für das du dich **schämst** zu lieben? Ich meine, wäre es dir **peinlich**, wenn jemand herausfindet, dass du ein bestimmtes Buch magst?

ALBERT Ich glaube, du fragst mich, weil du ein hast, für das du dich schämst.

NATASCHA Ich sage dir meins, wenn du mir deins sagst.

ALBERT Haha, ok. Aber lach nicht. Ich liebe das Buch *Bridget Jones Diary*.

NATASCHA *Bridget Jones - Schokolade zum Frühstück*! Wow, das habe ich nicht erwartet.

ALBERT Es ist ein Bestseller. Das bedeutet, dass viele Leute dieses Buch lieben.

NATASCHA Ja, Frauen.

ALBERT Was ist dann deins?

NATASCHA Es ist nicht **annähernd** so peinlich wie deins. Ich liebe die Harry Potter Bücher.

ALBERT Warum schämst du dich, sie zu lieben? Viele **Erwachsene** und Kinder lieben sie. Ich wünschte, ich hätte dir jetzt nicht mein erzählt.

NATASCHA Mach dir keine Sorgen, dein **Geheimnis** ist bei mir sicher.

ALBERT Oder vergiss einfach, dass ich das Buch gesagt habe. Ich machte sowieso nur Spaß.

NATASCHA Ich glaube nicht. Ich denke du liebst dieses Buch und wahrscheinlich auch die **Fortsetzungen**.

ALBERT Ich beantworte das nicht. Hast du dann eine Lieblingsbiografie?

NATASCHA Haha, versuche das Thema zu wechseln. Nun, es gibt keinen, der als Favorit **herausragt**. Ich lese oft Autobiographien von Philosophen, aber die von **Komikern** mag ich am besten. Sie sind lustiger zu lesen.

ALBERT Manchmal haben Komiker die **tragischsten** Lebensgeschichten. Und viele **begehen Selbstmord**. Weißt du wer Robin Williams ist?

NATASCHA Ich glaube nicht. Ist er Amerikaner?

ALBERT Ja, er war ein sehr berühmter Komiker und Filmstar. Er hat 2014 **unerwartet** Selbstmord begangen.

NATASCHA Oh, wie traurig! Nein, die Komiker, die ich mag, sind alle Deutsche. Ihr Leben ist mehr wie meiner, aber lustiger. Ich denke, deshalb mag ich sie.

ALBERT Oh, vielleicht kannst du mir ein empfehlen, wenn wir oben in der Biografieabteilung sind.

NATASCHA Sicher, aber ich glaube nicht, dass es auf Englisch sein wird. Kannst du Bücher auf Deutsch lesen?

ALBERT Wenn es in einem **Gesprächsstil** geschrieben ist, dann sollte es mir möglich sein.

NATASCHA Ok, gut, weil ich nicht glaube, dass die Witze gut ins Englische **übersetzt** werden könnten.

ALBERT Wenn ich Hilfe brauche, dann kannst du herüber kommen und mir helfen.

NATASCHA Haha, lass uns sehen. Und du? Hast du eine Lieblingsbiographie oder eine Biographie?

ALBERT Meine Favoriten sind von berühmten **Eroberern** und **Entdeckern**.

NATASCHA Also meinst du Leute wie Napoleon?

ALBERT Ja, wie Napoleon, aber auch moderne **Schriftsteller** wie Bill Bryson. Er ist eigentlich auch ein lustiger Schriftsteller. Du würdest seine Bücher genießen.

NATASCHA Ok, du kannst eines davon für mich empfehlen.

ALBERT Möchtest du auf Englisch oder auf Deutsch lesen?

NATASCHA Natürlich auf Deutsch. Oder bietest du an, zu mir zu kommen und mir zu helfen, die englische Version zu lesen? Aber du solltest wissen, ich lese nur im Bett.

Vocabulary

nass - wet
anziehen - to put on
verhaftet - arrested
Es hängt davon ab - It depends on
Klimaanlage - Air conditioning
eintreten - enter
Abgesehen - Apart
befinden sich - are located
Romane - Novels
Der Herr Der Ringe - Lord of the Rings
beschreibender - descriptive
schämst - ashamed
peinlich - embarrassing
annähernd - nearly
Erwachsene - Adults
Geheimnis - Secret

Fortsetzungen - Sequels
herausragt - stands out
Komikern - Comedians
tragischsten - most tragic
begehen Selbstmord - commit suicide
unerwartet - unexpectedly
Gesprächsstil - Conversational style
übersetzt - translated
Eroberern - Conquerors
Entdeckern - Discoverers
Schriftsteller - Writer

Chapter 20

Der Bus zum Flughafen

*An der Bushaltestelle **verabschiedet** sich Albert von seiner Mutter, als sie nach Amerika zurückkehrt.*

ALBERT Bist du sicher, dass du nicht willst, dass ich mit dir zum **Flughafen** komme?

FRAU HOFFMAN Ja, ich bin mir sicher. Du musst wahrscheinlich Kursarbeit machen oder du möchtest deine Freunde treffen.

ALBERT Nein, ich habe keine Pläne.

FRAU HOFFMAN Es ist in Ordnung. Ich habe ein Magazin, also werde ich mir nicht langweilen.

ALBERT Dann mach eine gute Reise. Lass es mich wissen, wenn du sicher kommst.

FRAU HOFFMAN Ich werde. Und du lernst hart und **übst** dein Deutsch weiter. Aber natürlich viel Spaß.

ALBERT Das werde ich. Ich habe schon viel Spaß.

FRAU HOFFMAN Ja, dein Vater hat mir erzählt, dass du ein Mädchen kennengelernt hast.

ALBERT Er hat es dir gesagt! Er **hätte wenigstens warten können**, bis du nach Hause kommst.

FRAU HOFFMAN Nun, sei einfach in Sicherheit. Wenn du weißt, was ich meine.

ALBERT Natürlich, Mama. Das musst du nicht sagen.

FRAU HOFFMAN Ich stelle nur sicher. Und kontaktiere deine Cousinen. Sie freuen sich darauf, dich zu treffen.

ALBERT Ich freue mich darauf, sie auch zu treffen. Ich werde ihnen nächste Woche eine Nachricht schicken.

FRAU HOFFMAN Ja, warte nicht bis zur letzten Minute oder du wirst mit **Prüfungen** beschäftigt sein und du hast keine Zeit, sie zu treffen.

ALBERT Ich bin mir sicher, dass ich sie in den nächsten Wochen sehen werde.

FRAU HOFFMAN Und geh oft zu deinem Opa. Du wirst ihn vielleicht nie wieder sehen, wenn du Deutschland verlassen hast.

ALBERT Das werde ich. Er könnte mir vielleicht bei einigen **Aufträgen** zur Freiburger Geschichte helfen.

FRAU HOFFMAN Du kannst ihm danken, indem du ihm bei der **Gartenarbeit** hilfst. Er ist zu alt, um es zu machen.

ALBERT Klar, ich helfe ihm mit allem, was er braucht.

FRAU HOFFMAN Guter Junge. Bist du sicher, dass du genug Geld hast?

ALBERT Ja. Ich denke daran, einen Teilzeitjob für zusätzliches **Taschengeld** zu bekommen, aber ich habe genug, um Dinge zu kaufen, die ich brauche.

FRAU HOFFMAN Ich habe trotzdem einen **Umschlag** mit etwas Geld unter deinem Laptop in deinem Zimmer für dich **hinterlassen**.

ALBERT Mama, das solltest du wirklich nicht haben. Aber danke.

FRAU HOFFMAN Nun, ich sollte einsteigen und einen Sitzplatz finden, bevor der Bus **abfährt**. Tschüss Liebling. Komm und gib deiner Mutter eine **Umarmung**.

ALBERT Auf Wiedersehen Mama. Pass auf.

FRAU HOFFMAN Gleichfalls. Ich werde es dich wissen lassen, wenn ich zu Hause ankomme. Ich liebe dich.

ALBERT Ich liebe dich auch. Wir sehen uns in ein paar Monaten.

Albert ist in seine Wohnung zurückgekehrt und redet mit David.

DAVID Also fliegt deine Mutter heute nach Hause?

ALBERT Ja, ich habe mich auf dem Bahnhof von ihr verabschiedet. Ich bot an, mit ihr zum Flughafen zu fahren, aber sie sagte, sie könne einfach alleine gehen.

DAVID Das ist nicht so weit. Sie könnte **je nach Verkehr** in einer Stunde da sein.

ALBERT Oh, ist das so schnell mit dem Bus? Wir haben ein Taxi genommen, als wir hier angekommen sind.

DAVID Und wenn du mit ihr gegangen wärst, hättest du eine Rückfahrkarte kaufen müssen.

ALBERT Das stimmt. Ich habe etwas Geld gespart.

DAVID Außerdem hättest du den ganzen Weg vom Flughafen zurückkommen müssen.

ALBERT Ich mache sowieso nichts. Ich hätte auf dem **Rückweg** gerade Musik gehört.

DAVID Was hörst du **in letzter Zeit**?

ALBERT Oh, ich habe meine Sammlung im Allgemeinen nur auf Shuffle gelegt. Es ist eine **Mischung** aus Rock, Pop und Indie. Ich habe vielleicht auch ein oder zwei R&B Songs drin.

DAVID Meine Sammlung ist ziemlich gleich. Aber am Ende höre ich nur Radio. Ich lasse es entscheiden, was ich höre. Obwohl ich gerne Instrumentalmusik höre, während ich studiere.

ALBERT Wie sind die **Radiosender** hier? Sind sie gut?

DAVID Die Einheimischen sind nicht schlecht. Man hört oft die gleichen Lieder wiederholt, aber das ist **üblich** für Radiosender in jedem Land.

ALBERT Gut zu wissen. Oh meine Mutter hat mich am Bahnhof peinlich berührt. Mein Vater sagte ihr, dass ich ein Mädchen kennengelernt habe und sie wollte sicherstellen, dass ich Safer Sex praktiziere.

DAVID Was hast du gesagt?

ALBERT Natürlich habe ich natürlich gesagt. Aber das ist das letzte Mal, dass ich ihm etwas erzähle.

DAVID Oder das nächste Mal solltest du ihm sagen, er soll es deiner Mutter nicht sagen.

ALBERT Du hast recht. Ich möchte nicht **aufhören**, mit ihm zu reden. Wir haben eine gute Beziehung.

DAVID Er wusste wahrscheinlich nicht, dass du es vor deiner Mutter geheim halten wolltest. Vielleicht dachte er, sie wüsste es schon.

ALBERT Sprich vom Teufel. Sie hat mir gerade eine Nachricht geschickt.

DAVID Ha, sie wusste, dass du über sie redest.

ALBERT Oh nein, die Polizei hat den Bus auf dem Weg zum Flughafen **angehalten**.

DAVID Was? Hat sie gesagt warum?

ALBERT Oh mein Gott! Sie sagte, dass ein **Lastwagen** vor dem Bus steht, der sagt: „**Kampfmittelräumdienst**"!

Vocabulary

verabschiedet - saying goodbye
Flughafen - Airport
übst - practice
hätte wenigstens warten können - at least could have waited

Prüfungen - Exams
Aufträgen - Assignments
Gartenarbeit - Gardening
Taschengeld - Pocket money
Umschlag - Envelope
hinterlassen - leave behind
abfährt - departs
Umarmung - Hug
je nach Verkehr - depending on traffic
Rückweg - Way back
in letzter Zeit - lately
Mischung - Mixture
Radiosender - Radio stations
üblich - common
aufhören - stop
Sprich vom Teufel - Speak of the devil
angehalten - required
Lastwagen - Truck
Kampfmittelräumdienst - Bomb Disposal Unit

Is this book helping you on your learning journey? Your thoughts on Amazon would be greatly appreciated. Your review not only helps fellow language learners but also provides valuable insights for others like you. Thank you for your contribution to the community!

More from
Dialog Abroad